Erläuterungen und Dokumente

Johann Wolfgang Goethe
Die Leiden des jungen Werther

Von Kurt Rothmann

Philipp Reclam jun. Stuttgart

Goethes »Leiden des jungen Werther« liegt unter Nr. 67 in Reclams Universal-Bibliothek vor. Auf diese Ausgabe beziehen sich die Seiten- und Zeilenangaben sowie die Seitenverweise in Klammern.

Universal-Bibliothek Nr. 8113
Alle Rechte vorbehalten
© 1971, 1987 Philipp Reclam jun. GmbH & Co., Stuttgart
Revidierte Ausgabe 1987
Gesamtherstellung: Reclam, Ditzingen. Printed in Germany 1998
RECLAM und UNIVERSAL-BIBLIOTHEK sind eingetragene Marken
der Philipp Reclam jun. GmbH & Co., Stuttgart
ISBN 3-15-008113-0

Inhalt

I. Wort- und Sacherklärungen

1 [Titel] *Die Leiden des jungen Werther:* Der Titel der
Erstausgabe, die im Jahre 1774 vom Verleger Weygand in
Leipzig veranstaltet wurde, lautet »Die Leiden des jungen
Werthers«. Zum fünfzigjährigen Jubiläum des Erstdruk-
kes, 1824, gab derselbe Verlag eine von Goethe sorgfältig
betreute Ausgabe heraus, deren Titel auf die Genitiv-
endung des Namens verzichtet. Die schwache Flexion »des
jungen Werther« entspricht dem späteren Sprachgebrauch
des Dichters und wurde daher für die zweite Fassung des
Romans von 1787 von der historisch-kritischen Edition,
der Weimarer Ausgabe, übernommen. Der Text der Ausgabe in Reclams Universal-Bibliothek bringt das Werk
ebenfalls in der Zweitfassung und folgt der Weimarer Ausgabe.
3 [Vorwort] *Was ich von der Geschichte …:* Vor allem die
Mitteilungen am Ende des Romans verlangen eine andere
Quelle als Briefe und Tagebucheinträge des Helden; daher die Herausgeberfiktion, die zugleich dem Dichter erlaubt, aus distanzierter Position zwischen Stoff und Leser
zu vermitteln. Vgl. den Entwurf zu diesem Vorwort,
Kap. II,1.

4. Mai 1771

5,3 *Bester Freund:* Der Name des Empfängers, Wilhelm,
wird erst im Brief vom 22. 5. 71 genannt (12,30). Die späteren Anreden *mein Schatz* im Brief vom 27. 5. 71 (17,24),
Bester 8. 8. 71 (50,2), *Bruder* 18. 8. 71 (61,16), *mein Geliebter* 4. 9. 72 (94,22), *mein Teuerster* 20. 12. 72 (122,29)
spiegeln die Innigkeit des empfindsamen Freundschafts-
verhältnisses im 18. Jh.
5,4 *das Herz des Menschen:* Werther, der Empfindsame, rea-
giert auf jedes Erlebnis mit seinem Herzen; daher die au-
ßerordentliche Häufigkeit des Wortes. Vgl. insbesondere
Auch halte ich mein Herzchen wie ein krankes Kind

13. 5. 71 (9,13) und *dies Herz, das doch mein einziger Stolz ist* 9. 5. 72 (88,16).

5,8 *Leonore:* eine Person aus Werthers früherer Bekanntschaft, die später nicht wieder erwähnt wird. Goethe selbst hatte in Straßburg eifersüchtige Liebe seitens der Töchter (Emilie und Lucinde) seines Tanzlehrers erfahren. Vgl. »Dichtung und Wahrheit«, 9. Buch.

5,10 *die eigensinnigen Reize:* reizende Eigenwilligkeit, Launenhaftigkeit.

5,16 *ergetzt:* ältere Form für »ergötzt«. Goethe gebrauchte beide Formen nebeneinander.

5,23 *der Schmerzen wären minder:* Es wären weniger Schmerzen. Der Genitiv, insbes. der Genitivus partitivus, wurde im 18. Jh. häufiger benutzt als heute. Vgl. *es mögen mich ihrer so viele*; *eine recht gute Art Volks* 17. 5. 71 (10,16 f.; 10,26).

6,2 *eh'stens:* nächstens; vgl. *eh'ster Tage* 17. 5. 71 (12,8).

6,3 *meine Tante:* Goethes Großtante, die Hofrätin Lange, wohnte in Wetzlar.

6,4 f. *das böse Weib ... eine muntere heftige Frau:* »Weib« wurde bis ins 18. Jh. ohne abwertende Bedeutung als Gattungsname im Gegensatz zu »Mann« gebraucht. Vgl. *ein ehrliches altes Weib* 9. 5. 72 (87,11), *mein gutes Weib* 4. 8. 72 (90,28), *meine Weibchen* 26. 10. 72 (100,17) usw. Der Gegensatz »Weib« – »Frau« an dieser Stelle zeigt allerdings schon die sich anbahnende Abwertung; vgl. *die Weiber am Ende des Saales* 15. 3. 72 (81,30 f.).

6,18 *Balsam:* aromatische Harze des Balsambaumes (Commiphora opobalsamum), mit ätherischen Ölen zu Parfüm und zu Heilsalben gemischt. Vgl. *Lebensbalsam* (142,18 f.).

6,20 *schauderndes Herz:* Wie die Fähigkeit zu weinen, schätzte man zu Werthers Zeit auch die Fähigkeit, Schauer oder Schauder zu empfinden. Weil über Stutzen, Schaudern, Innewerden ein Weg zur Erkenntnis führt, heißt es noch in »Faust« II: »Das Schaudern ist der Menschheit bestes Teil« (I. Akt, Finstere Galerie, V. 6272). Erst die

oberflächlichen Übertreibungen in Schauerromantik und
Schauerroman brachten diese menschliche Regung, der
sich Werther oft hingibt, in Verruf.

6,27 *Grafen von M ..:* Der Kammergerichtsprokurator
Meckel besaß vor Wetzlars Wildbacher Tor am Hang des
Lahnberges einen parkartigen Garten und ein Haus, das
die Meckelsburg genannt wurde.

6,31 *wissenschaftlicher Gärtner:* Im 18. Jh. wurde der französische Stil der Gartenbaukunst allmählich durch den
englischen Stil abgelöst. Statt geometrisch angelegter Gärten mit streng verschnittenen Bäumen schätzte man immer
mehr den die Natur idealisierenden, malerischen Garten,
dem man die Bearbeitung nicht ansah, weil diese der Anlage keine Regelmäßigkeit aufzwang. Vgl. Werthers Polemik
gegen die Regeln in der Kunst und gegen *das garstige wissenschaftliche Wesen* 11. 6. 72 (89,12).

6,32 f. *seiner selbst ... genießen:* »genießen« wurde bis ins
18. Jh. mit dem Gen. gebraucht.

7,1 *Kabinettchen:* aus frz. »cabinet«, ein kleiner geschlosse-
ner Raum. Vgl. dasselbe im Brief vom 10. 9. 71 (67,14) und
das Kabinett, in das Lotte sich bei der letzten Begegnung
mit Werther einschließt (139,27 ff.), ein kleines Nebenzimmer.

10. Mai

7,13 *Kunst:* Man sprach allgemein von den schönen Künsten; der Singular bezeichnete oft nur die bildende Kunst;
so im Brief vom 10. 9. 71 (66,26).

7,15–8,6 *Wenn das liebe Tal um mich dampft ...:* Dampfen-
den Tälern hat Goethe stets besondere Aufmerksamkeit
geschenkt. Am 23. Juli 1776 schrieb er aus dem Thüringer
Wald an Frau von Stein: »Hoch auf einem weit rings sehen-
den Berge. [...] Die Thäler dampfen alle an den Fichten-
wänden herauf. (NB. Das hab ich dir gezeichnet)« (Zit.
nach: »Goethes Briefe«, Hamburger Ausgabe in 4 Bänden,
textkrit. durchges. und mit Anm. vers. von Karl Robert
Mandelkow, Bd. 1, Hamburg 1962, [2]1968, S. 223. – Im

folgenden zit. als: HA Briefe.) Der uns erhaltenen Tusche-
zeichnung dampfender Täler bei Ilmenau (s. »Goethes Leben und Werk in Daten und Bildern«, hrsg. von Bernhard
Gajek [u. a.], Frankfurt a. M. 1966, Nr. 205) ging dieses
großartige sprachliche Gemälde im »Werther« voraus. Vgl.
dazu die Interpretation von Karl Philipp Moritz, »Über ein
Gemählde von Goethe«, in: »Deutsche Monatsschrift«,
1792, Bd. 1, S. 243–250, abgedr. in: »Zeitgenössische Rezensionen und Urteile über Goethes ›Götz‹ und ›Werther‹«, hrsg. von Hermann Blumenthal, Berlin 1935,
S. 122–127. – Zum besseren Verständnis des religiösen Na-
turgefühls vgl. Werthers Brief vom 18. 8. 71 (60 f.) und vor
allem Goethes Gedicht »Ganymed« (1774) mit den wörtli-
chen Anklängen. – Diese Stelle ist außerdem der syntak-
tischen Form wegen beachtenswert. Sie ist ein Beispiel der
typischen ›Wertherperiode‹. (Vgl. Hans Georg Heun,
»Der Satzbau in der Prosa des jungen Goethe«, Leipzig
1930, S. 89 f.) Herder rügte diese dem klassischen Latein
entlehnte Periode als Predigtstil; er schrieb in seinen Fragmenten »Über die neuere Deutsche Litteratur« (1767), 3.
Sammlung, III,6: »Wie oft hört man einen Gedanken nach
diesem Zuschnitt: ›Wenn wir um uns umherschauen –
wenn wir – wenn wir – weil es – – so werden wir gewahr,
daß die Menschen Sünder sind:‹ dies ist die gewöhnliche
Homiletische Schlachtordnung, die Bindewörter und Bei-
wörter und Hülfswörter und Synonymen und Periodische
Theile in Überfluß hat, um den Mangel an Gedanken zu
verbergen; die das Ohr übertäubet, um nicht die Leere des
Verstandes zu zeigen; dies ist der fließende Vortrag, der
vor dem Essen heilsamen Appetit, und nach dem Essen
einen sanften Schlaf machet.« (Zit. nach: Johann Gottfried
Herder, »Sämtliche Werke«, hrsg. von Bernhard Suphan,
Bd. 1, Berlin 1877, S. 507.) – Durch Klopstocks Oden
stand diese Periodenbildung jedoch in gutem Ansehen.

7,21 *merkwürdig:* in der Bedeutung ›bemerkenswert‹, ›beachtenswert‹, so auch im Brief vom 9. 5. 72 (87,16).

7,21 f. *das Wimmeln der kleinen Welt:* Der Mikrokosmos

wurde wie sein Gegenstück, der Makrokosmos, die Ster-
nenwelt, als Ausdruck und Beweis göttlich geordneten
Seins genommen. Vgl. *eine kleine Welt* 18. 8. 71 (61,33).

8,2 f. *daß es würde der Spiegel deiner Seele, wie deine Seele
ist der Spiegel:* rhythmisch bedingte Wortstellung, die wegen ihres unmittelbaren Gefühlsausdrucks in Werthers
Sprachgebrauch über der grammatisch-logischen Form
rangiert. Vgl. Werthers Streit mit dem Gesandten um die
Inversionen 24. 12. 71 (73,12).

12. Mai

8,11 *Brunnen:* der Brunnen in der Steingrotte vor dem Wildbacher Tor bei Wetzlar. Vgl. die Szenen in den Briefen vom
15. 5. 71 (10,5 ff.) und 6. 7. 71 (40,3 ff.).

8,12 *Melusine:* ein Wassergeist. Nach der französischen Sage
aus dem 14. Jh. ist Melusine eine Meernixe, halb Weib,
halb Fisch. Sie heiratet Graf Raimund von Poitiers und
verläßt ihn wieder, nachdem er sie in ihrer Doppelgestalt
im Bade überraschte. Im deutschen Volksbuch von 1474 ist
Melusine mit ihrer Schwester in den Durstbrunnen ge-
bannt. Goethes Anspielung ist frei, freier noch »Die neue
Melusine« in »Wilhelm Meisters Wanderjahre«, 3. Buch,
Kap. 6.

8,19 *Anzügliches:* Anziehendes; vgl. 17. 5. 71 (10,16).

8,23 f. *die patriarchalische Idee:* Der Patriarch (griech.
πατριάρχης ›Erzvater‹) regiert als Familien- oder Stam-
mesoberhaupt fürsorglich über seine Untertanen und Ge-
sinde.

8,24 f. *wie sie, alle die Altväter, am Brunnen Bekanntschaft
machen und freien:* Altväter waren zuerst die biblischen
Patriarchen, die altehrwürdigen Väter, später die altehrwürdigen Leute überhaupt. – Hier meint eine Anspielung
auf 1. Mose 24,13 f. vor: »Siehe, ich stehe hier bei dem
Wasserbrunnen, und die Töchter der Leute in dieser Stadt
werden herauskommen, um Wasser zu schöpfen. Wenn
nun ein Mädchen kommt, zu dem ich spreche: Neige dei-

Goethebrunnen zu Wetzlar (Wildbacher Brunnen).
Nach einer Zeichnung von Carl Stuhl (1808–77).

nen Krug und laß mich trinken, und es sprechen wird:
Trinke, ich will deine Kamele auch tränken – das sei die, die
du deinem Diener Isaak beschert hast.« Vgl. auch 1. Mose
29,1 f.

13. Mai

9,7 *Homer:* griechischer Dichter, der am Ende des 8. Jh.s
v. Chr. lebte. Goethe fand »Homers Beschreibung der Er-
oberung des Trojanischen Reiches« zuerst in der »Neuen
Sammlung der merkwürdigsten Reisegeschichten« bei seinem Onkel, dem Pfarrer Starck. Nach einer Bemerkung
Kestners (s. Kap. III, S. 82) las Goethe später in Wetzlar
mehr in den Werken Homers, als er sich seiner juristischen
Tätigkeit widmete. – Werther liest hauptsächlich im ersten
Teil des Romans, vorzüglich die idyllisch-lyrischen Stellen
der »Odyssee«, die ihm das Unreflektierte, volkstümlich
Einfache, eben die erwähnte patriarchalische Idee vermit-
teln.

9,11 f. *von süßer Melancholie:* Schwermut, Trübsinn, war
um die Entstehungszeit des »Werther« eine (literarische)
Modestimmung. Vgl. »Dichtung und Wahrheit«, 13.
Buch. – Das Wort »Melancholie« kommt aus dem Griechischen und bedeutet ›schwarze Galle‹, d. h. die Verfassung,
die durch die schwarze, nämlich krankhafte Verfärbung
des Saftes ›Galle‹ bestimmt ist. (Hellmut Flashar, in: »Hi-
storisches Wörterbuch der Philosophie«, hrsg. von Joachim Ritter [u. a.], Bd. 5, Basel 1980, Sp. 1038 f.) – Die
Natur- und Heillehre des Mittelalters führt Wesen und
Gemüt des Menschen auf die Säfte in seinem Körper zurück. Ein Kräuterbüchlein des 14. Jh.s belehrt über die
Temperamente: »von den viern [Elementen] habent ir natur alle geschepht gots und der mensch hat aller der natur
iegleichs ain teil an ime, ettliches mer ettleichs minner. wan
er aller vier an im hat so haist er microcosmus dz ist in
däutsch die minner welt. die natur haizzent also: die erst
haizzet colera. die ist haiz und truken. die ander sangwis,
die ist haiz und fäucht, die dritt flegma, die ist fäucht und

kalt, die vierd melancolia, die ist kalt und truken. von disen
vier naturen ist geschaffen alles dz in der welt ist« (DWb.
VI, Sp. 1989). – Über die Melancholie heißt es in der Mai-
nauer Naturlehre 1: »Galiênus [um 131–201 n. Chr.]
spricht, daz melancholia ir sideln hab in dem milz, und
wenn diu melancoli ain oberhant nimpt und sich zeucht
zuo dem haupt, sô kümpt dem menschen sweigen und
betrahten, und swærikeit, wainen und trâkheit, vorht und
sorg und klainmüetichait. [...] diu melancoli macht die
läut tœrocht, alsô daz manig mensch sich selber ertœtt«
(DWb. VI, Sp. 1988 f.). – Auf solche Theorien bezieht sich
auch Shakespeare gelegentlich, dessen bekanntester Melan-
choliker, Hamlet, in Wielands Übersetzung von 1766 die
Herzen tiefsinniger Zeitgenossen eroberte. Vgl. Anm. zu
34,3 *guten Humor.*

15. Mai

9,24 f. *Leute von einigem Stande ... Volke halten:* Im
18. Jh., zumal vor der Französischen Revolution, wurde
im gesellschaftlichen Verkehr noch streng zwischen Leuten von Rang und Stand und dem gemeinen, dem einfachen
Volk unterschieden. Werther mit seiner Vorliebe für das
Patriarchalisch-Volkstümliche nimmt daran Anstoß und
setzt sich über diese Konvention hinweg. Folge davon ist,
daß einerseits die einfachen Leute besorgt sind, *sie möchten
den Herrn inkommodieren* 27. 5. 71 (18,8 f.), und andererseits die adlige Tischgesellschaft des Grafen von C . . Werther deutlich aus ihrem Kreis verweist; siehe den Brief vom
15. 3. 72 (80 ff.).
9,27 *Flüchtlinge:* flüchtige, oberflächliche Menschen.
9,29 *empfindlicher zu machen:* empfinden zu lassen.
10,5 *Brunnen:* der am 12. 5. 71 (8,11 ff.) beschriebene.
10,5 f. *ein junges Dienstmädchen, das ihr Gefäß ...:* In dem
Pronomen »ihr« statt »sein« rangiert das natürliche Ge-
schlecht vor dem grammatischen. So schreibt Werther
auch *ein Weib, ... die* 24. 12. 71 (74,26), *meine Fräulein*

B . . 15. 3. 72 (81,13) und *die Fräulein B* . . statt »das«
16. 3. 72 (83,9).

10,9 *Jungfer:* verkürzt aus »Jungfrau«, Dienerin im Range
über der einfachen Magd und zugleich Anrede bürgerlicher
unverheirateter Frauen. Der Titel »Fräulein« war dem
Adel vorbehalten. Vgl. *Jungfer Pfarrerin,* die Tochter des
Pfarrers von St . ., 1. 7. 71 (36,1), und *Fräulein von B* . .
24. 12. 71 (75,12).

10,11 *Kringen:* ringförmiges, meist mit Pferdehaaren ausge-
stopftes Polster, das sich die Frauen auf den Kopf legten,
wenn sie Lasten auf dem Kopf trugen.

17. Mai

10,28 *artig:* Modewort des 18. Jh.s in vielseitiger Verwendung; hier svw. ›hübsch, nett‹; vgl. *wie artig jeder Bürger . . . sein Gärtchen zum Paradiese zuzustutzen weiß*
22. 5. 71 (13,28 f.); in der Bedeutung von ›zierlich‹: *Ein
Kanarienvogel . . . pickt so artig* 12. 9. 72 (95,24–28); in der
Bedeutung von ›angemessen‹: *ein Amt mit einem artigen
Auskommen* 10. 8. 71 (52,3 f.); in der Bedeutung ›galant‹:
*bin ich sehr artig . . . die Frauenzimmer sagen: es wüßte
niemand so fein zu loben als ich* 20. 1. 72 (77,29–32) und:
daß ich mit Friederiken zu artig getan 1. 7. 71 (36,18 f.).

11,7 *Freundin meiner Jugend:* dieselbe, deren Werther vor
seinem Ende gedenkt (141,7 ff.). Freundschaften, in denen
Heranwachsende Weisheit und Lebenshilfe bei gereiften
Menschen suchten, waren im 18. Jh. nicht selten. Goethe
selbst hat in seiner Jugend (1768–70) Rat und nachhaltigen
Eindruck von einer älteren Freundin, der pietistischen
Stiftsdame Susanne von Klettenberg, empfangen. Diesem
Erlebnis entsprechend sind die auf die Erziehung der Herzen wirkenden Figuren in Goethes Romanen Frauen wie
z. B. die Schöne Seele in »Wilhelm Meisters Lehrjahren«
und Makarie in den »Wanderjahren«. Goethe berichtete
am 21. April 1773 an Kestner den »Todt einer teuer geliebten Freundinn«, nämlich Henriettes von Roussillon, die

am 18. April gestorben war. Vgl. Erich Schmidt, »Richardson, Rousseau und Goethe«, Jena 1875, S. 281 ff.

11,17 *Witze:* von »wissen«, hier in der urspr. Bedeutung ›Verstand, Vernunft‹; vgl. *Ich witzle mich mit meinen Schmerzen herum* 22. 11. 72 (105,8 f.). Seit dem 18. Jh. auch als Übersetzung für frz. »esprit«; vgl. *ich . . . habe viel Witz* 20. 1. 72 (77,30); durch die Studentensprache im 18. und 19. Jh. eingeengt auf ›kluger Einfall, Scherz, Spaß‹.

11,17 f. *Modifikationen:* Abwandlungen, Erscheinungsformen.

11,18 *Stempel des Genies:* Stempel der Originalität; vgl. *der Strom des Genies* 26. 5. 71 (16,10). Lat. »genius« konkurrierte im 18. Jh. mit frz. »génie«, das oft mit ›Geist‹ verdeutscht wurde. Gellert, der das Wort »Genie« als einer der ersten in der Mode werdenden Bedeutung häufig gebrauchte, erklärte 1751 in seiner Antrittsvorlesung: »der name eines großen gelehrten wird nicht durch studieren, nicht durch regeln [. . .] allein erworben, es wird eine gewisse natürliche größe und lebhaftigkeit der seele erfordert« (DWb. IV,I,2, Sp. 3412). In der im »Werther« berührten Auseinandersetzung, ob Regeln oder natürliche Begabung die größten geistigen und künstlerischen Leistungen hervorbringen, wurde zunächst Genie als Eigenschaft verlangt, später nannte man die Begabten selbst ein Genie, bis endlich der Sturm und Drang, die literarische Epoche, in der die Originalität des Genies verherrlicht wurde, den Namen ›Genieperiode‹ erhielt. Vgl. Anm. zu 94,18 f. *Wir Gebildeten . . .*

11,22 *Duldung:* Geduld; vgl. im Brief vom 21. 11. 72 (104,26 f.) *das Mitleiden mit meiner Duldung:* mit meinem Leiden.

11,25 *Akademien:* griech. Ἀκαδημία, wissenschaftliche und künstlerische Bildungseinrichtung; urspr. die Schule Platons, die ihren Namen vom nahe gelegenen Hain des Akademos am nordwestlichen Stadtrand Athens bekommen hatte. Besondere Neubelebung erfuhr der Akademiegedanke durch den italienischen Dichter Grazzini, der im

Oktober 1582 in Florenz die Accademia della Crusca gründete, die ›Kleienakademie‹, die die italienische Sprache reinigen sollte, indem sie die Kleie darin vom Mehl trennte. Diese florentinische Institution wurde mehr oder weniger Vorbild für die nachfolgenden Sprachgesellschaften des 17. Jh.s. Die bekanntesten deutschen Gesellschaften waren die Fruchtbringende Gesellschaft, auch Palmenorden, Weimar 1617, die Tannengesellschaft, Straßburg 1633, die Teutschgesinnte Genossenschaft 1643 und der Elbschwanenorden 1660 in Hamburg sowie die 1644 in Nürnberg gegründete Gesellschaft der Pegnitzschäfer. Mitglieder dieser mitunter verspielten, pretiösen oder lächerlich puristischen Kreise schrieben die Grammatiken und Poetiken der Zeit, deren Geist, unterstützt durch den Einfluß der französischen Klassik, in Deutschland bis Lessing fortwirkte. – Werthers Geringschätzung für die Maler- oder Künstlerakademien rührt aus dem stark normativen Charakter solcher Einrichtungen.

11,14 f. *dünkt sich:* hält sich für; von »dünken – deuchte – gedeucht«; dasselbe bedeutend und von derselben Wurzel wie »denken«, jedoch mit den Nebenformen »deuchten – dünkte – gedünkt«. Vgl. *mich deucht* 1. 7. 71 (38,8) und *mich dünkte* 16. 6. 71 (28,3); richtiger gebildet dagegen *mich dünkt* wie in den Briefen vom 22. 5. 71 (13,12), vom 8. 1. 72 (76,19 f.) und 10. 10. 72 (98,19) usw.

11,31–12,1 *Batteux ... Wood ... de Piles ... Winckelmann ... Sulzers Theorie ... Manuskript von Heynen:* Kunsttheoretiker, die im Gegensatz zum Genie das Besondere der Kunst in Regeln und Systemen zu fassen suchten. Vgl. dagegen Werthers Kunstanschauung, besonders in den Briefen vom 26. 5. 71 (14 f.) und 30. 5. 71 (18 f.). Charles *Batteux* (1713–80), Verfasser des »Cours de belles lettres ou Principes de la littérature« (1747–50), übersetzt von Ramler. – Robert *Wood* (1716–71), Verfasser von »An Essay on the original genius and writings of Homer« (1768), übersetzt von J. P. Michaelis. – Roger *de Piles* (1635–1709), Verfasser verschiedener theoretischer Schriften über die

Malerei. – Johann Joachim *Winckelmann* (1717–68), bekannt geworden durch seine »Gedanken über die Nachahmung der griechischen Werke« (1755), gab in seiner »Geschichte der Kunst des Altertums« (1764) eine systematische Ästhetik. – Johann Georg *Sulzer* (1720–79), Verfasser der »Allgemeinen Theorie der Schönen Künste«, deren erster Teil gerade 1771 erschien. – Christian Gottlob *Heyne* (1729–1812), seit 1767 klassischer Philologe an der Universität Göttingen, hielt während der Sommer beliebte Vorlesungen über griechische Archäologie. Das Manuskript, von dem hier die Rede ist, dürfte die Nachschrift einer solchen Vorlesung sein. – Vgl. auch Goethe über seine ästhetischen Spekulationen in der Wertherzeit, »Dichtung und Wahrheit«, 12. Buch.

12,3 *Noch gar einen braven Mann:* einen gar braven Mann. Vgl. Anm. zu 73,12 *Inversionen.* Das Wort »brav« (ebenso ›wacker, tüchtig‹ wie ›unbändig, wild‹ und ›ordentlich, artig‹ bedeutend) hatte für die Stürmer und Dränger denselben Gefühlswert wie das Modewort »Kerl«.

12,4 *Amtmann:* Titel der Verwaltungsbeamten, bes. der Renten- und Wirtschaftsverwalter. Historisch Heinrich Adam Buff (1711–95), seit 1755 Deutschordens-Amtmann in Wetzlar.

12,13 *Originale:* unverwechselbare Menschen. Das Genie ist immer auch ein Original, daher die Bildung »Originalgenie«. August Friedrich von Goué war so ein ›verzerrtes Original‹ in Wetzlar.

12,17 *historisch:* tatsachengerecht, ohne Zutat oder Färbung durch den Berichterstatter. Vgl. *Ich bin ... kein guter Historienschreiber* 16. 6. 71 (20,18 f.) und *plan und nett, wie ein Chronikenschreiber das aufzeichnen würde* 15. 3. 72 (80,25 f.).

22. Mai

12,21–30 *Wenn ich ...; wenn ich sehe ..., und dann, daß ..., da man ... bemalt:* elliptischer Stil; der Periode fehlt der schließende Hauptsatz. Werthers Unvermögen, gramma-

tisch folgerichtig zu Ende zu formulieren, ist Ausdruck
und Beweis irrationalen Erlebens und vorherrschenden
Gefühls. Vgl. Anm. zu 7,15–8,6 über die Periode *Wenn
das liebe Tal um mich dampft ...* und zu 73,12 *Inversionen.*

12,30 *lichten Aussichten:* hellen, glänzenden, schönen Aussichten.

13,6 *hochgelahrten Schul- und Hofmeister:* Hofmeister hie-
ßen urspr. die Aufseher des Gesindes und der Kinder, dann
die privaten Erzieher der Kinder; »hochgelahrten« ist eine
Nebenform zu »hochgelehrten«.

13,9 f. *nach wahren Zwecken handeln:* nach klaren Absich-
ten, mit genauen Zielvorstellungen. Die Bedeutung ›Ziel‹
des Wortes »Zweck« stammt aus der Zeit des Armbrust-
schießens, wo der Zweck den Zielpunkt der Scheibe mar-
kierte. Der beste Schuß traf den Nagel auf den Kopf. Vgl.
Wahlheim zum Zwecke meiner Spaziergänge 21. 6. 71
(31,22 f.), *ihr Verlangen* [zieht] *gerade nach dem Zweck*
12. 8. 71 (57,17 f.) und *ohne Zweck und Aussicht*
(119,10 f.).

13,10 f. *Biskuit und Kuchen und Birkenreiser:* Werthers
Abwandlung des sprichwörtlichen »Zuckerbrot und Peit-
sche«.

13,28 f. *sein Gärtchen zum Paradiese zuzustutzen:* Die Bearbeitung der Gärten im französischen Stil bestand hauptsächlich im Verschneiden der Büsche und Bäume. Vgl.
Anm. zu 6,31 *wissenschaftlicher Gärtner.*

14,2 f. *das süße Gefühl der Freiheit:* Werthers erste Andeu-
tung der Möglichkeit, mit dem Freitod alle einengenden
Grenzen des menschlichen Daseins zu überschreiten. Vgl.
Fausts Gedanken, durch Selbstmord die Grenzen seiner
Erkenntnis zu überschreiten (»Faust« I, Nacht, V. 690 ff.).
– Später, in einem Brief an Carl Friedrich Graf von Brühl
vom 23. Oktober 1828, hat Goethe darauf hingewiesen,
»daß wir äußerlich bedingt sind vom ersten Atemzug bis
zum letzten; daß uns aber jedoch die höchste Freiheit übrig
geblieben ist, uns innerhalb unsrer selbst dergestalt auszu-

bilden, daß wir uns mit der sittlichen Weltordnung in Einklang setzen und, was auch für Hindernisse sich hervortun, dadurch mit uns selbst zum Frieden gelangen können« (HA Briefe IV, S. 306).

26. Mai

14,6 *mich anzubauen:* mich niederzulassen, seßhaft zu werden.

14,7 *Hüttchen:* ein häufiges Motiv der Empfindsamkeit; bei Goethe Symbol der Geborgenheit auf der Suche eines Lebens in und mit der Natur.

14,12 *Wahlheim:* historisch Garbenheim, das man von Wetzlar aus zu Fuß in einer halben Stunde erreichte; ein beliebtes Ausflugsziel der Angehörigen des Kammergerichts. Vgl. *Es war eine Gesellschaft draußen unter den Linden, Kaffee zu trinken.* 30. 5. 71 (18,27 f.)

14,19 *Scheuern:* südd. für »Scheunen«; die gleichbedeutenden Wörter scheinen etymologisch nicht verwandt zu sein.

14,26 f. *ein Knabe ... ein ... halbjähriges:* Philipps und Hans; vgl. 27. 5. 71 (16,26) und 4. 8. 72 (90,31).

14[*] *Der Leser wird ...:* Die Fußnoten halten die Herausgeberfiktion lebendig. Wie das Vorwort und der Teil unter der Überschrift *Der Herausgeber an den Leser* (112,1 ff.) steuern sie Material bei, das außerhalb der Perspektive Werthers liegt. Vgl. die Fußnoten zu den Briefen vom 16. 6. 71 (24; 25), 1. 7. 71 (37) und 17. 2. 72 (79).

15,12–14 *die Natur ... allein bildet den großen Künstler:* Meinung der Genieverehrer und Regelverächter; vgl. Anm. zu 11,18 *Stempel des Genies* und die Theoriebeflissenheit des *jungen V..* im Brief vom 17. 5. 71 (11,23 ff.).

15,15 *Regeln:* aus der Kunstbetrachtung und Kunsttheorie gewonnene und als ›Gesetz‹ formulierte Einsichten bezüglich der Hervorbringung und Beurteilung von Kunstwerken, wie etwa die bekannten drei Einheiten des klassischen französischen Dramas.

15,19 *modeln:* bilden, formen.

Garbenheim bei Wetzlar, Goethes »Wahlheim«.
Nach einer Zeichnung von Carl Stuhl.

15,24 *die geilen Reben:* die allzu üppig rankenden Reben;
»geil« bedeutete urspr. ›fröhlich, lustig‹; diese Bedeutung
erhielt sich in der schwäbischen Mundart, so daß Mörike
noch in dem »Alten Turmhahn« (1852) reimen konnte:
»Narr! denk' ich wieder, du hast dein Teil! / Willst du noch
jetzo werden geil?«

15,30 *Philister:* Spießer; ein nüchterner, kleinlicher, pedanti-
scher Mensch. Das Wort soll im 17. Jh. von Studenten
aufgegriffen worden sein, als Generalsuperintendent Georg Götze anläßlich der Beerdigung eines von Jenaer Bür-
gern erschlagenen Studenten über den Text Richter 16,9:
»Die Philister über dir, Simson!«, predigte (DWb. VII,
Sp. 1826).

15,33 *Teilet Eure Stunden ein:* Die älteren, volleren Perso-
nalflexionen, bes. der 2. und 3. Pers. Sg., erscheinen bei
gehobener Ausdrucksweise und aus satzrhythmischen
Gründen. – Den Rat zur pedantischen Tageseinteilung vgl.
mit Kestners Brief an August von Hennings vom 25. August 1770 in Kap. III.

16,2 f. *Notdurft:* notwendiges, dringendes Bedürfnis.

16,7 *Kollegium:* von lat. »collegium« ›Amtsgemeinschaft‹;
im Staatswesen des 18. und 19. Jh.s jede aus mehreren Personen bestehende Behörde, deren Mitglieder gleiches
Stimmrecht haben.

16,15 *Ableiten:* durch Flutkanäle.

27. Mai

16,29 *Weck:* Wecke, Brötchen, Semmel; ein altes Wort für
keilförmiges Weizengebäck, das sich in südwestdeutscher
Mundart erhielt.

17,3 *irden Breipfännchen:* ein Gefäß aus Erde, Ton oder
Steingut; hier unflektiertes Neutraladjektiv wie *mein eigen
häuslich Leben* 16. 6. 71 (25,2) oder »ein einförmig Ding«
(S. 10), »ein ehrlich altes Weib« (S. 85) in der Erstfassung.

17,6 *der lose Vogel:* Schimpfwort; hessische Mundart.

17,7 *Philippsen:* »Philipps« ist die Verkleinerungsform des

Namens »Philippus«, dazu tritt die Dativflexion, denn Namen wurden im 18. Jh. weit häufiger flektiert. Dabei stand
im Gen. »-ens« (Lottens) neben starkem »-s« (Werthers);
Dat. und Akk. hatten »-(e)n« (Lotten, Werthern).

17,8 *Scharre des Breis:* der Rest, der im Topf ›zusammenge-
scharrt‹ werden muß; südwestdeutsche Mundart.

17,13 *des Schulmeisters Tochter:* historisch die Frau des
Küfers Bamberger; vgl. den Brief vom 4. 8. 72 (90 f.).

17,15 *betriegen:* ältere Form für »betrügen«. Goethe verwendet beide Formen nebeneinander.

17,20 *Kreuzer:* Münze, die nach dem darauf geprägten Dop-
pelkreuz benannt wurde; enthielt urspr. 0,37 g Gold und
galt $\frac{1}{60}$ Gulden oder $\frac{1}{90}$ Taler; im 18. Jh. nur noch eine
Kupfermünze; 1872 im Deutschen Reich abgeschafft. Vgl.
Gulden 11. 7. 72 (43,6) und *Dukaten* 19. 4. 72 (85,28) sowie *Taler* 18. 7. 71 (45,29).

18,1 *Betstunde:* Gottesdienst nach dem Abendessen; die alte
Sechs-Uhr-Vesper.

18,2 *Ordre:* (frz.) Anweisung, Auftrag.

18,4 f. *simpeln Ausbrüchen:* aus frz. »simple«, lat. »sim-
plex«; die unschuldigen, harmlosen, unverstellten Ausbrüche; vgl. *ein simples ... Kleid* 16. 6. 71 (22,20), *die simple
harmlose Wonne* 21. 6. 71 (33,5 f.), *so simpel und so geist-
voll* 16. 7. 71 (44,28). Vgl. auch Anm. zu 20,24 *Einfalt.*

18,8 f. *den Herrn inkommodieren:* den Herrn belästigen,
ihm Unbequemlichkeiten bereiten. Vgl. Anm. zu 9,24 f.
Leute von einigem Stande.

30. Mai

18,10 *Am 30. Mai:* Dieser Brief ist ein nachträglicher Ein-
schub in die erste Fassung. Er erscheint wie die meisten
Erweiterungen erstmals in der von Goethe überarbeiteten
Ausgabe von 1787. Vgl. Varianten, Kap. II,2.

18,15 *Idylle:* von griech. ειδύλλιον ›Bildchen‹, eine im
18. Jh. vor allem durch die Idyllen Salomon Geßners über-
aus beliebte Gattung, die sich der Schilderung eines arka-

disch-idealisierten Hirtenlebens oder allgemein eines fried-
voll-pastoralen Daseins widmet.

18,17 *gebosselt:* viell. von ahd. »pôzilôn« ›schmieden, bear-
beiten‹; hier svw. ›künstlich gemacht, gedrechselt‹.

18,19 *Eingang:* Einleitung.

18,28 *anstand:* die Gesellschaft stand Werther nicht an;
zugrunde liegt die Vorstellung, daß sich nur gesellt, was
von gleichem Stand ist. Vgl. Anm. zu 9,24 f. *Leute von
einigem Stande.*

18,30 ff. *Ein Bauerbursch kam . . .:* vgl. den Brief vom 4. 9. 72
(92,5 ff.) und den Bericht des ›Herausgebers‹ (115,4 ff.).

19,24 *ungleich denken:* unrecht, übel, Unehrbares denken.

16. Junius

20,10 *Am 16. Junius:* Die lateinische Endung des Monats ist
bei Goethe ungewöhnlich; in der Erstfassung tragen die
Briefe die Daten Juni und Juli.

20,12 *der Gelehrten einer:* ein studierter Mann.

20,17 f. *habe kennen lernen:* Der Infinitiv in Vertretung des
Partizips Perfekt, der bei den Modalverben (»lassen«, »sehen«, »hören« usw.) üblich ist, hat sich bei »lernen« nicht
durchgesetzt.

20,19 *Historienschreiber:* sachlicher Berichterstatter. Vgl.
Anm. zu 12,17 *historisch.*

20,24 *die Einfalt:* die lat. »simplicitas« im positiven Sinne:
Einfachheit, Schlichtheit, Unschuld. Die spätere Bedeutung ›Unwissenheit, Dummheit‹ klingt an in *nur von
einem einfältigen Mädchen gesprochen* 12. 8. 71 (58,20).
Vgl. auch Anm. zu 18,4 f. *simpeln Ausbrüchen.*

21,14 *Amtmann S . .:* der am 17. 5. 71 erwähnte; vgl. Anm.
zu 12,4.

21,20 *Ball auf dem Lande:* Der historische Ball fand am
9. Juni 1772 im Jagdhaus (späteres Schulhaus) in Volpertshausen statt. Goethe fuhr mit den Töchtern seiner Großtante, Geheimrätin Lange, im Wagen hinaus. Kestner,
Lottes Verlobter, kam später nach. Vgl. die geschichtlichen
Ereignisse, Kap. III.

21,25 *Base:* Tante, und zwar des Vaters Schwester, im Gegensatz zu »Muhme«, Schwester der Mutter. Wie »Vetter«, »Gevatter« wurden diese Wörter auch als Anrede nicht verwandter Personen gebraucht.

21,26 *Charlotten S ..:* Charlotte Sophie Henriette Kestner (11. 1. 1753 – 16. 1. 1828), Tochter des Amtmanns Heinrich Adam Buff.

21,27 *Frauenzimmer:* urspr. Aufenthalt sittsamer, vornehmer Frauen am Hof; bezeichnet dann kollektiv die dort wohnenden Frauen, bald allg. vornehme, wohlgesittete Frauen, bis aus dem Kollektivum eine Bezeichnung für das Individuum wird: feine, gebildete Frau. – Wie »Weib« hat »Frauenzimmer« inzwischen eine abwertende Bedeutung bekommen.

21,28 *Gesellschafterin:* Tanzpartnerin, neben dem damals gebräuchlichen frz. »dame«.

22,7 *dumpfichten:* hier etwa: düsteren; die Erstfassung hat die Nebenform »dumpfigen«, die Goethe auch später in der Grundbedeutung des Wortes, ›feucht, moderig‹, verwendet: *die abfallenden Blätter machen ihr den Hof unrein und dumpfig* 15. 9. 72 (97,26 f.).

22,13 *verziehen:* verweilen, warten. Vgl. *verziehe nur noch vierzehn Tage* 20. 12. 72 (122,21 f.).
Mamsell: das frz. »mademoiselle« in volksmäßiger Umformung als Bezeichnung und Titel bürgerlicher Unverheirateter im 17. Jh.

22,18 ff. *In dem Vorsaale ...:* Die hier geschilderte Szene, die historisch auf der ersten Begegnung zwischen Goethe und Charlotte Buff beruht, war ein beliebtes Motiv der Illustratoren des Romans. Vgl. Abb. S. 23 und die Parodie Thackerays S. 166.

23,2 *Vesperbrot:* »Vesper« von lat. »vespera« ›Abendzeit‹; urspr. Bezeichnung für das vorletzte kirchliche Stundengebet des Tages, danach allg. für die Zeit um zwei oder sechs Uhr nachmittags. So kann auch »Vesperbrot« Mittagbrot oder, wie hier, Abendbrot bedeuten.

23,4 *Kompliment:* seit Ende des 17. Jh.s aus frz. »compliment« ›Verbeugung‹; allgemeiner: Höflichkeitsbezeigung.

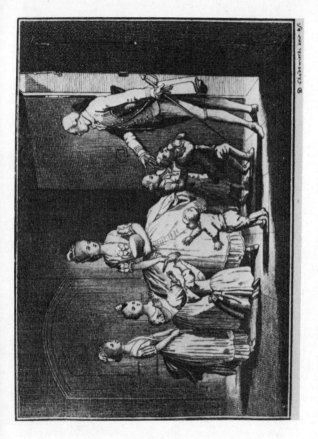

Lotte, den Geschwistern Brot schneidend.
Kupferstich von Daniel Nikolaus Chodowiecki, 1776. Aus der
französischen Werther-Ausgabe Maestrich bei Dufour und
Roux (Übersetzung von Deyverdun).

23,12 *Vetter:* urspr. der ›Vaterbruder‹, dann jeder männliche Verwandte.

23,22 *eilf:* bis ins 18. Jh. für »elf«.

23,30 *auf mein Vorbitten:* auf mein Fürbitten.

24,4 f. *durchgezogen:* schonungslos beredet, beklatscht, durchgehechelt, d. h. wie der Flachs durch die Zähne der Hechel gezogen.

24,24 *Miß Jenny:* Figur in einem der empfindsamen Moderomane, die in Anlehnung an die Romane des erfolgreichen Samuel Richardson (»Pamela«, 1740–41; »Clarissa Harlowe«, 1747–48; »Sir Charles Grandison«, 1753–54) gern in England spielten. Vielleicht die Heldin der »Histoire de Miss Jenny Glanville« von Marie-Jeanne Riccoboni, 1764 übersetzt durch Gellius; oder eine Figur aus der »Geschichte der Miß Fanny Wilkes. So gut als aus dem Englischen übersetzt«, 1766 von Johann Timotheus Hermes.

25,2 *mein eigen häuslich Leben:* Das attributive Adjektiv wird in westmitteldeutscher Umgangssprache auch heute noch häufig flexionslos gebraucht.

25,7 f. *Landpriester von Wakefield:* »The Vicar of Wakefield«, 1766, von Oliver Goldsmith, eine idyllische Familiengeschichte, die Goethe in Straßburg durch Herder kennenlernte.

25,11 *wendete:* Goethe konjugiert das Wort schwach oder stark; vgl. 1. 7. 71 *wendete* (36,27), *wandte* (37,18).

25,19 *Contretanz:* aus Frankreich im 18. Jh. eingeführter Gruppentanz, bei dem jeweils zwei Paare gegeneinandertanzen (engl. »country-dance«).

25,28 *Lusthause:* Vergnügungsstätte im Park oder auf dem Lande; historisch das Jagdhaus (später Schulhaus) in Volpertshausen.

25[*] *Namen einiger vaterländischen Autoren:* Nachdem der moderne Roman vor allem in England durch Autoren wie Defoe, Richardson, Fielding, Sterne, Goldsmith usw. einen tüchtigen Aufschwung genommen hatte, war man stolz, als auch in Deutschland ähnliche Werke entstanden. Bekannte Autoren der Zeit sind Wieland mit seinem »Agathon« (1766–67), Hermes mit »Sophiens Reise von Memel nach Sachsen« (1769–73), Sophie von La Roche mit der »Geschichte des Fräuleins von Sternheim« (1771).

26,3 *N. N.:* mitunter Abkürzung für lat. »nomen nescio« ›den Namen weiß ich nicht‹; viell. Mr. Nieper, ein guter Bekannter Jerusalems, den Kestner in seinem Tagebuch als Tänzer auf dem Ball in Volpertshausen erwähnt; vgl. Anm. zu 26,24 *Chapeau.* Vgl. auch *N. N.* im Brief vom 26. 10. 72 (100,12).

26,5 *am Schlage:* Tür der Landkutsche; vgl. *Da ward aus dem Schlage geplaudert* 8. 7. 71 (41,25).

26,7 *Menuetts:* Einzelpaartänze; nicht, was wir heute Menuett nennen.

26,11 *einen Englischen:* den englischen Contretanz.

26,21 f. *daß sie herzlich gern deutsch tanze:* Der Deutsche, auch die Allemande, war eine Art des Contretanzes mit erweitertem Einzelpaartanz, dem Walzen. Darum blieb jedes Paar, das zusammengehörte, beim Deutschen gern zusammen (26,23 f.).

26,24 *Chapeau:* (frz.) Tänzer, Tanzherr. Kestner schrieb am 9. Juni 1772 in sein Tagebuch: »12 Chapeaux (Mr. Nieper, Jerusalem [...] Dr. Goede [...]), 13 Dames [...].« (Zit. nach: »Goethe, Kestner und Lotte. Briefwechsel und Äußerungen«, hrsg. von Eduard Berend, München 1914, S. 99.)

27,6 *Plan:* ebene Fläche, hier die Tanzdiele.

27,11 *Wetter:* Blitz; vgl. *wie vom Wetter gerührt* 16. 7. 71 (44,19) und *mit der Wetterschnelle* 18. 8. 71 (61,24 f.).

28,2 *die große Achte:* eine Figur des Tanzes; die Form »Achte« ist ein umgangssprachlicher Plural, der sich wahrscheinlich in Analogie zu Wortformen wie »beide«, »zwêne« entwickelte.

28,6 *Promenade:* eine andere Figur des Tanzes.

28,6 f. *Albert ..., dem ich so gut als verlobt bin:* historisch Christian Kestner (1741–1800), 1767 Kammergerichtssekretär in Wetzlar, später (1784) kgl.-großbrit.-hannov. Hofrat und Vizearchivar in Hannover. – Obgleich das Verhältnis zwischen Charlotte Buff und Kestner dem Verhält-

nis zwischen Lotte und Albert im Roman entsprach, nahm
Kestner Anstoß an der Erwähnung eines Verlöbnisses. Als
Goethe die erste Fassung des Romans überarbeitete,
schrieb ihm Kestner mit Bezug auf diese Stelle: »Meine
Lotte, wenn die damit gemeynt wäre, hätte solches nicht
äussern können; weil wir nie eigentlich versprochen gewesen sind. Wir verstanden uns, wir waren einig, wir waren
nicht mehr zu trennen, das ist wahr.« (Kestner, S. 259 f.)

28,18 *Wetterkühlen:* Wetterleuchten; man glaubte, dies
kühle die Luft ab.

28,27 *Fühlbarkeit:* Wahrnehmbarkeit für oder durch das
Gefühl; erst im 18. Jh. auftretendes Wort der Empfindsamkeit.

29,5 *Schlucker:* nahe der urspr. Bedeutung: Prasser, Schlem-
mer – Genießer.

29,15 *Vortrag zu einem Spiele:* Vorschlag und Erläuterung
zu einem Gesellschaftsspiel.

29,16 *ein saftiges Pfand:* In Pfänderspielen waren Küsse und
manche erotischen Ersatzhandlungen gesellschaftsfähig.

29,21 *wie ein Lauffeuer:* schnell; ein Lauffeuer war eine
geschüttete Pulverspur zur Sprengladung.

29,22 *Ohrfeige:* Die Ohrfeige war ein weiterer Punkt des
Anstoßes für Kestner. Sie entspreche weder dem wirk-
lichen Vorgang noch dem Charakter Lottes (vgl. Kestner,
S. 259).

29,29 *Maulschellen:* klatschende, schallende Schläge.

30,13 *Klopstock:* Friedrich Gottlieb Klopstock (1724–1803),
mit dem Goethe korrespondierte und der kurz vor der
Veröffentlichung des »Werther« Gast im Hause Goethes
war. Seit dem Erscheinen der ersten drei Gesänge des
»Messias« (1748) war Klopstock bekannt und hochge-
schätzt. Er war der erste bedeutende deutsche Erlebnislyri-
ker, der mit dem rhapsodischen Ton wie mit dem Gegenstand seiner Lyrik (Natur, Freundschaft, Liebe) den Geschmack seiner jungen Zeitgenossen traf, so daß (1772–74)
ein enthusiastischer Schülerkreis in Göttingen sich nach
Klopstocks Ode »Der Hügel und der Hain« der »Hain«

nannte. Der Name des Dichters konnte also zwischen Lotte und Werther wohl eine *Losung* (30,15) sein.

30,13 f. *der herrlichen Ode:* Gemeint ist »Die Frühlingsfeier«, 1759. Das Gedicht handelt von einem Frühlingsgewitter und den Seelenregungen in dem Betrachter. Der Schluß des Gedichtes läßt sich auf die Situation im Roman beziehen. Er lautet:

Ach, schon rauscht, schon rauscht
Himmel und Erde vom gnädigen Regen!
Nun ist – wie dürstete sie! – die Erd' erquickt,
Und der Himmel der Segensfüll' entlastet!

Siehe, nun kommt Jehova nicht mehr im Wetter,
In stillem sanftem Säuseln
Kommt Jehova,
Und unter ihm neigt sich der Bogen des Friedens!

30,17 *unter den wonnevollsten Tränen:* Man schämte sich der Tränen nicht, im Gegenteil, sie waren als Ausdruck gesteigerter Empfindsamkeit und reichen Gefühlslebens willkommen. Wer nicht bewies, daß er weinen konnte, kam leicht in den Verdacht, kalt und herzlos zu sein.

30,18 f. *Edler! ... deine Vergötterung:* Klopstock und seine Bedeutung für Lotte nach Werthers überschwenglicher Auslegung.

19. Junius

30,27 *Hereinfahrt:* Heimfahrt in die Stadt, die damals noch mit Mauern und Toren umgeben war. Vgl. *Er kam ans Stadttor. Die Wächter ... ließen ihn ... hinaus* (140,6 f.).

21. Junius

31,19 *etabliert:* hier: ansässig, zu Hause.

31,22 *zum Zwecke:* zum Ziele; vgl. Anm. zu 13,9 f.

32,5–13 *Ach, könntest du dich in seine* [des Wäldchens] *Schatten mischen! ... O könnte ich mich in ihnen* [Hügeln und Tälern] *verlieren!* ... *unsere Empfindung verschwimmt darin:* bei Goethe ein motivgebundenes Wortfeld: Die große Liebe zur Natur gipfelt in dem Wunsch, in der Natur aufzugehen, sich physisch mit ihren Elementen zu ›vermischen‹, sich darunter zu ›verlieren‹, darin zu ›schwimmen‹, zu ›schweben‹ und zu ›weben‹. Vgl. *man möchte zum Maienkäfer werden, um in dem Meer von Wohlgerüchen herumschweben ... zu können* 4. 5. 71 (6,21–24); *das Wehen des Allliebenden, der uns in ewiger Wonne schwebend trägt* 10. 5. 71 (7,26 f.); *wie um die Brunnen und Quellen wohltätige Geister schweben* 12. 5. 71 (8,26 f.); bis hin zu Faust, der im Mondenschein »mit Geistern schweben« und »weben« möchte; Nacht, V. 394 f.

33,32 *die übermütigen Freier der Penelope:* vgl. »Odyssee« II,300 f., XX,248 ff. Penelope, die Gattin des Odysseus, wird in dessen Abwesenheit von vielen Freiern umworben, welche große Festgelage veranstalten. – Die Arbeit am eigenen Herd wirkt anregend auf Werthers Vorstellungskraft bei der Lektüre der »Odyssee«.

33,2 *Züge patriarchalischen Lebens:* Der bischöfliche Ehrentitel Patriarch, Alt- oder Erzvater, bezeichnete urspr. die Familienhäupter des biblischen Urgeschlechts und die Stammesväter Israels bis auf die zwölf Söhne Jakobs; vgl. Anm. zu 8,24 f. *wie sie, alle die Altväter* ... Werther, der die Religion allenthalben säkularisiert, zählt auch ›seinen‹ Homer zu den Altvätern; vgl. Brief vom 9. 5. 72 (87,29 ff.). Das Patriarchat wurde um die Mitte des 18. Jh.s als natürliche und darum ideale Gesellschaftsform empfunden. Klopstocks »Messias« rief eine ganze Reihe von alttestamentlichen Patriarchengeschichten hervor. Als Beispiele seien hier nur Bodmers »Noachide« (1750) und »Der geprüfte Abraham« (1753) von Wieland genannt. Meist waren die Patriarchaden wie der »Messias« in Hexametern geschrieben.

33,3 *Affektation:* von lat. »affectatio« ›Künstelei, Manier‹; erkünsteltes Wesen.

29. Junius

33,14 *Medikus:* Arzt. Daneben gebraucht Goethe die Wörter »Doktor« und »Wundarzt« oder »Chirurgus«. Kleinere Operationen übernahm auch der Barbier.

33,19 *dogmatische Drahtpuppe:* hier der Mann, der die Vorurteile der Gesellschaft ungeprüft übernimmt und sich davon leiten läßt wie eine Marionette durch die Drähte in der Hand des Puppenspielers. Vgl. *ich werde gespielt wie eine Marionette* 20. 1. 72 (77,13 f.).

33,19 f. *Manschetten:* von frz. »manchette« ›Ärmelchen‹; Handkrause, Spitzenvorsatz am Hemdärmel.

34,3 *guten Humor:* gute Laune. In der Natur- und Heillehre des Mittelalters führte man Wesen und Gemüt eines Menschen auf die Säfte in seinem Körper zurück. Vgl. *bis ... seine Säfte sich verbessert, der Tumult seines Blutes sich gelegt* 12. 8. 71 (58,14 f.). Die Temperamentenlehre unterschied zwischen kalt, heiß, trocken oder dürr, feucht oder naß. Das Wort »Humor« bezieht sich bei Goethe in formelhaften Wendungen auf eben diese Lehre von den Säften. Vgl. im Brief vom 1. 7. 71 *übler Humor* (36,11), *bösen Humor* (38,2), Synonym von *übler Laune* (38,15 u. ö.), und *bei dem besten Humor* (145,27); vgl. Anm. zu 9,11 f. *von sußer Melancholie.*

34,6 f. *Worte des Lehrers der Menschen:* Worte Christi; vgl. *dein Sohn* (34,14) und Anm. zu 103,16 f. *Ich ehre die Religion.*

34,7 *Wenn ihr nicht werdet wie eines von diesen* [Kindern]: Anspielung auf Mt. 18,3 »Wahrlich, ich sage euch: Wenn ihr nicht umkehret und werdet wie die Kinder, so werdet ihr nicht ins Himmelreich kommen. – Der Gedanke von der Unschuld des Kindes war gerade durch die Schriften Rousseaus neu belebt worden.

34,9 f. *Muster ... Untertanen:* Jean-Jacques Rousseau (1712–78) verkündete das Zeitalter des Kindes. Gemäß der in »Emile oder Über die Erziehung« (1762) vorgetragenen Gedanken soll man Kinder nicht nur in ihrer Eigenart gel-

ten lassen, sondern in ihrer natürlichen Unverdorbenheit
sogar als Vorbild für Erwachsene ansehen.

34,18 *radotieren:* von frz. »radoter« ›schwatzen, faseln, leeres Zeug reden‹.

1. Julius

35,5 f. *Quakelchen:* von »quaken«; hier quäkendes Kind,
bes. frankfurterisch für »Nesthäkchen«.

35,10 *Vortrefflichkeit des Karlsbades:* von Goethe selbst
geschätzter und im Alter häufig besuchter Kur- und Bade-
ort an der Tepl im nordwestlichen Böhmen.

35,14 f. *der Frau Pfarrerin meine Höflichkeiten gemacht:* ihr
durch höfliche Begrüßung Ehrerbietung bezeigt; vgl. *ein
unbedeutendes Kompliment* 16. 6. 71 (23,4).

35,23 f. *Vorfahr im Amt:* Amtsvorgänger.

35,32 *Vikar:* von lat. »vicarius« ›Stellvertreter‹; Geistliche,
die vorübergehend, aushilfsweise, zur Unterstützung des
ordentlichen Geistlichen ihr Amt verwalten; namentlich
die jungen Theologen.

36,13 f. *Friederike:* Tochter des Pfarrers von St . ., zugleich
Name einer Jugendfreundin Goethes, der Tochter des
Pfarrers Brion in Sesenheim bei Straßburg.

36,18 f. *zu artig getan:* zu schön getan, zu freundlich gewesen; vgl. Anm. zu 10,28.

36,23 *Fratzen:* häßliche, mürrische Gesichter.

36,25 f. *da wir ... Milch aßen:* vgl. *saure Milch* 27. 5. 71
(17,32); die Erstfassung hat an dieser Stelle »gebrocktes
Brot in Milch«.

37,8 *Wenn mich etwas neckt:* ärgert; vgl. *Was mich am meisten neckt* 24. 12. 71 (75,6).

37,13 *Unsere Natur hängt sehr dahin:* neigt sehr dazu;
vgl. *Ihre Seele hängt sehr nach diesen Ideen* 10. 9. 71
(68,25 f.).

37,24 *Resignationen:* hier in übertragener Bedeutung: Entsa-
gungen (vgl. engl. »resignation«), Selbstverleugnungen.

37,28 *Diskurse:* Gespräch, Unterredung, Erörterung.

37,31 *vom Predigtstuhle:* von der Kanzel.

37 [*] *von Lavatern ... über das Buch Jonas:* Johann Caspar
Lavater (1741–1801), mit dem Goethe befreundet war, veröffentlichte 1773 »Predigten über das Buch Jonas«, darunter eine Predigt über »Mittel gegen Unzufriedenheit und
üble Laune«. Vgl. Anm. zu 97,21 *Lavaters Schwärmereien.*

6. Julius

39,29 *das gegenwärtige ... Geschöpf:* das durch aufmerk-
same Gegenwart, durch Beistand helfende Wesen.
39,31–40,1 *mit Mariannen und ... Malchen:* Marianne ist
eine Freundin Lottes, Malchen eine der Schwestern. –
Charlotte Buff war mit Marie Anna Brandt, der ältesten
Tochter eines Wetzlarer Hofrates und Prokurators, befreundet; Amalie war Charlottes jüngste Schwester.
40,20 *Sie haben übel getan:* nämlich Malchen zu küssen,
denn Lotte hatte ihrem Schwesterchen im Scherz erzählt,
daß kleine Mädchen vom Männerkuß einen häßlichen Bart
bekämen – ein volkstümliches Ammenmärchen.
40,32–41,1 *Taufhandlung ... Propheten ... Schulden:* ein
Beispiel für Werthers Säkularisierung der christlichen Religion. Vgl. Anm. zu 103,16 f. *Ich ehre die Religion.*

8. Julius

41,17 f. *Was man nach so einem Blicke geizt!:* »geizen« in der
Bedeutung ›verlangen, trachten nach‹.
41,22 *Daß ich kurz bin:* um es kurz zu machen.
41,25 *Audran:* der am 16. 6. 71 (26,3) erwähnte.
41,26 *lüftig:* alte Nebenform von »luftig«: beweglich, flink,
flatterhaft.
41,29 *allein auf sie resigniert:* ihr ganz ergeben.

10. Julius

42,14 *Ossian:* Die erste Erwähnung des Buches, das zum
Ende des Romans für Werther immer bedeutsamer wird
und endlich die Lektüre Homers gänzlich ablöst; vgl.
Anm. zu 98,21 *Ossian hat in meinem Herzen den Homer
verdrängt*, Werthers Übersetzung (131 f.) und das Parali-
pomenon dazu Kap. II,3.

11. Julius

42,16 *schlecht:* krank.

42,17 *dulde:* leide.

42,19 *rangiger Filz:* habgieriger Bauer; weil Bauern sich mit
grober Wolle kleideten, mit Filz, wurde dieses Wort schon
zu Neidharts Zeit ein Schimpfwort für ungehobelte Menschen.

42,22 *das Leben abgesprochen:* svw. die Hoffnung auf Leben
genommen.

43,6 *Gulden:* um 1350 nachgeprägte florentinische Gold-
münze, Goldflorin. Dem Goldgulden wurde mit der Zeit
immer mehr Silber beigemischt, bis er nur noch ein Viertel
Gold enthielt und von dem besseren Dukaten verdrängt
wurde. Ein Gulden hatte 1690 den Wert von ⅔ Taler. Vgl.
Anm. zu 17,20 *Kreuzer.*

43,8 *Losung:* von »Erlös«, das aus dem Verkauf gewonnene
Bargeld in der Kasse.

43,21 *des Propheten ewiges Ölkrüglein:* Anspielung auf 1.
Kön. 17,16: »und dem Ölkrug mangelte nichts nach dem
Wort des Herrn, das er durch Elia geredet hatte«.

13. Julius

43,29–31 *Mich liebt! ... mich liebt!:* Dieser Absatz fehlt im
Erstdruck. Wahrscheinlich handelt es sich um einen Ko-
pierfehler; die »zweyte ächte Auflage« von 1775 enthält die
Zeilen bereits.

44,6 *entsetzt:* entblößt, des Ranges enthoben.

44,6 f.　*der Degen genommen:* Das Schwert wurde im Mittel-
alter dem Jüngling als Zeichen des wehrhaften freien Mannes bei der Schwertleite mit dem Ritterschlag feierlich
übergeben. Der Verlust des Schwertes in der Gefangen-
schaft bedeutete Degradierung; ähnlich der Verlust des
Degens, der im 18. und 19. Jh. Rangwaffe für Offiziere
und Kavaliere war.

16. Julius

44,30　*Grillen:* Modewort des 18. Jh.s für unfruchtbare,
grüblerische, verworrene und absonderliche Gedanken;
vgl. 12. 8. 71 (53,13; 54,32), 15. 9. 72 (98,4).

45,1　*der alten Zauberkraft der Musik:* Anspielung auf den
alten Aberglauben an die beschwichtigende, entrückende
Zauberwirkung der Musik auf Mensch und Tier; überlie-
fert in der Geschichte von David und Saul (1. Sam.
16,14–23) und der griechischen Sage von Orpheus und
Amphion. Vgl. *die alte himmelsüße Melodie* 4. 12. 72
(110,21); vgl. auch »Faust« I, Nacht, V. 737 ff., der Oster-
chor; Studierzimmer V. 1447 ff. und V. 1607 ff., die Gei-
sterchöre.

18. Julius

45,13　*frische Jungen:* unerfahrene, erwartungsfrohe Jungen.

45,22　*Bononischen Steine:* Bologneser Schwerspat, über den
Goethe später in seiner »Italienischen Reise« (1816) unter
dem Datum vom 20. Oktober 1786 berichtet: »Ich ritt nach
Paderno, wo der sogenannte Bologneser Schwerspat gefunden wird, woraus man die kleinen Kuchen bereitet,
welche kalziniert im Dunkeln leuchten, wenn sie vorher
dem Lichte ausgesetzt gewesen, und die man hier kurz und
gut Fosfori nennt.« (HA XI, S. 110.)

45,26 f.　*Surtout:* (frz.) Überrock, Jacke.

45,29　*Taler:* seit 1517 Münze aus dem in St. Joachimsthal in
Böhmen geförderten Silber. Der Reichstaler hatte 24 Gro-
schen zu je 12 Pfennig und stand seit 1623 in einem festen

Verhältnis zum Gulden; danach galt ein Taler so viel wie
1½ Gulden, das waren 90 Kreuzer. Vgl. Anm. zu 17,20
Kreuzer.

20. Julius

46,9 f. *Subordination:* Unterordnung, mitunter auch nur im
Hinblick auf Zusammenarbeit.

46,12 *in Aktivität:* hier eigtl. ›in dienstlicher Tätigkeit‹, vgl.
in einen Posten 15. 3. 72 (80,21 f.); Werther möchte es
wörtlich verstehen: aktiv = tätig, ohne den verpflichten-
den Bezug zum Gegenstand der Tätigkeit.

24. Julius

46,23 *zeither:* seither, bisher.

47,5 *prostituiert:* bloßgestellt, lächerlich gemacht, blamiert.
Vgl. *sich so platt zu prostituieren* 24. 12. 71 (74,33).

47,7 *Schattenriß:* Das Anfertigen von Schattenbildern, die
schwarz auf weiß oder umgekehrt nur die Umrisse ihres
Gegenstandes zeigen, war sehr beliebt, besonders für die
Abbildung von Kopfprofilen. Goethe fertigte ein solches
Profilbild von Charlotte Buff an (s. Anm. zu 80,1) und half
seinem Freund Lavater bei der Entstehung seiner »Physio-
gnomischen Fragmente zur Beförderung der Menschen-
kenntnis und Menschenliebe« (1774–78), einer Physiognomik (›Ausdrucks-Lehre‹), deren Anschauungsmaterial allein in Silhouetten des menschlichen Gesichtes bestand.
(Vgl. dazu: Anton Kippenberg, »Die Technik der Silhouette«, in »Jahrbuch der Sammlung Kippenberg«, Bd. 1,
Leipzig 1921, S. 132–165.) Die Einbeziehung der Gesamt-
gestalt des Menschen führte die Physiognomik im 19. und
20. Jh. in das umfassendere Gebiet der Ausdrucks- und
Gestaltpsychologie.

26. Julius

47,12 *Sand:* Feinen Sand benutzte man zum Löschen der
Tinte.

Silhouette von Goethe, 1774.

26. Julius

47,28 f. *Märchen vom Magnetenberg:* aus »Tausendundeiner Nacht«.

48,2 *die armen Elenden:* »elend« von mhd. »ellende«, wörtl. ›außer Landes‹; die Elenden sind also die in der Fremde Weilenden, daher arm und bedürftig.

30. Julius

49,8 *Prätension auf sie:* Anspruch auf sie; vgl. *sie hatte noch alte Prätensionen an den Teil des Pfarrhofes* 15. 9. 72 (98,6 f.).

49,11 *der Fratze:* allg. Schimpfwort für ein ungezogenes Kind, für einen possenhaften Menschen; hier Bezeichnung Werthers, so er sich *närrisch* sieht, *Possen* und *verwirrtes Zeug* beginnt (49,20 f.).

49,15 *mich resignieren:* mich zurückziehen.

49,16 f. *Strohmänner:* Schimpfwort wie »Strohkopf«; dummer, an Geist und Körper schwacher Mensch.

49,25 *drauß:* in Wahlheim, vor der Stadt.

8. August

50,5 *Abfälle zwischen einer Habichts- und Stumpfnase:* Abstufungen, Neigungsgrade der Nasenrücken. Das merkwürdige Bild geht wahrscheinlich auf Goethes Beschäftigung mit Lavaters Physiognomie zurück; vgl. Anm. zu 47,7 *Schattenriß* und 75,20 *Physiognomie*.

10. August

51,22 *rechtschaffenen Mutter:* vgl. den Brief vom 10. 9. 71 (bes. 68 f.). Magdalene Ernestine Buff (1731–71), die Gattin des Amtmanns, starb, als Charlotte, die zweitälteste Tochter, erst 18 Jahre alt war. Mit welcher Verantwortung Charlotte die Pflege ihrer Geschwister und des Haushalts übernahm, berichtet Kestner; s. Kap. III.

52,2 *hinunterwallen:* von »wallen«, urspr. die sprudelnde, später die ruhige Bewegung des Wassers, dann übertragen auf Dinge, die im Wasser treiben. – Das Motiv des Schwermütigen, der Blumen in den Fluß wirft und ihnen nachsieht, wurde von vielen Wertheriaden übernommen.

12. August

52,16 *pro forma:* (lat.) zum Schein.

52,22 *Terzerolen:* kleine Taschenpistolen.

52,27 *dahlt:* scherzt; von »dahlen« ›herumalbern‹.

52,29 *das Gewehr:* die Waffe; vgl. 53,3 *alles Gewehr.*

52,30 *Ladstock:* konischer oder zylindrischer Stab zum Hinunterstoßen der Ladung in den Lauf der Vorderlader.
Maus: der Daumenmuskel in der Handfläche.

53,1 *Lamentieren:* Jammern, Wehklagen; von lat. »lamentatio«, vgl. *Lamentationen* 19. 4. 72 (85,27).
Kur: Heilbehandlung, von lat. »cura«; in der Erstfassung hieß es »den Barbier«, weil der Barbier häufig solche Unfallbehandlung übernahm.

53,7 *rechtfertig:* rechtsbeflissen; von einem alten Rechtswort des Mittelalters: zum Recht bereit.

53,9 f. *zu limitieren, zu modifizieren:* einzuschränken, abzuändern.

53,11 f. *kam er sehr tief in Text:* svw.: verlor er sich sehr in dieses Thema. (Vgl. DWb. XI,I,1, Sp. 296.)

54,4 *Wer hebt den ersten Stein auf:* Anklang an Joh. 8,7: »Wer unter euch ohne Sünde ist, der werfe den ersten Stein auf sie.«

54,9 *Pedanten:* Das Wort »Pedant« wurde im 16. Jh. entlehnt aus frz. »pedant«, ital. »pedante«, das noch im Piemontesischen einen Erzieher oder Hofmeister bedeutet und wahrsch. als Partizip eines in »paedare« romanisierten griech. παιδεύειν aufzufassen ist. »Pedant« gilt, wie jetzt im Französischen und Italienischen, als Bezeichnung eines steifen, überklugen und nur seine Wissenschaft, seine Regeln kennenden Gelehrten oder Schulmeisters, sodann ver-

allgemeinert eines ohne höhere Auffassung gelehrt Tuen-
den, steif und kleinlich an äußerlichen und unwesentlichen
Dingen haftenden Menschen (DWb. VII, Sp. 1522). Hier
im übertragenen Sinn auf die *Gesetze* gemünzt.

54,16–20 *Ihr ... geht vorbei wie der Priester und dankt Gott
wie der Pharisäer ...:* Anspielung auf Lk. 10,31: »Es begab
sich aber ungefähr, daß ein Priester dieselbe Straße hinabzog; und da er ihn sah, ging er vorüber«; Lk. 18,11: »Der
Pharisäer stand und betete bei sich selbst: Ich danke dir,
Gott, daß ich nicht bin wie die andern Leute.«

54,27 *im gemeinen Leben:* im allgemeinen, gewöhnlichen
Leben.

55,8 *Gemeinsprüche:* Binsenweisheit, Banalität.

55,28 *Radotage:* (frz.) Faselei, leeres, zusammenhangloses
Gerede.

55,32 *haben wir Ehre:* ist uns gestattet.

56,5 *ausdauern:* aushalten, ertragen.

56,7 *wunderbar:* hier: sonderbar.

56,13 *Krankheit zum Tode:* Anklang an Joh. 11,4: »Da Jesus
das hörte, sprach er: Diese Krankheit ist nicht zum
Tode.«

56,31 *Ein gutes junges Geschöpf:* Beutler nimmt an, daß sich
Goethe hier auf den Selbstmord der 23jährigen Anna Elisabeth Stöber bezieht, die sich am 29. Dezember 1769 in
Frankfurt ertränkt hat, weil ihr Geliebter sie verlassen hatte. Die Aufzeichnungen über diesen Fall finden sich in
demselben Band, der auch die Prozeßakten über die Kin-
desmörderin Susanna Margarethe Brandt enthält, die historische Wurzel der Gretchentragödie in »Faust« I.

58,14 *Säfte:* vgl. Anm. zu 9,11 f. *von süßer Melancholie* und
zu 34,3 *guten Humor.*

15. August

59,5 *Begriff:* Vorstellung, das Be-greifen mit dem Verstand.

59,11–13 *das Hauptstückchen von der Prinzessin, die von
Händen bedient wird:* eine Episode aus dem Märchen »La

chatte blanche« aus den »Contes de Fées« von Marie Ca-
thérine Jumelle de Berneville, Gräfin von Aulnoy (um
1650–1705); Katharina Mommsen, »Goethe und 1001
Nacht«, Berlin 1960, S. 21.

59,15 *Inzidentpunkt:* aus der Rechtssprache: (strittiger)
Nebenpunkt; hier svw.: Punkt, Einzelheit in der Geschichte.

18. August

60,1–61,15 *Das volle warme Gefühl meines Herzens an der
lebendigen Natur ...:* vgl. Anm. zu 7,15–8,6 *Wenn das
liebe Tal um mich dampft ...*

60,21 *das Geniste:* Gestrüpp, Gebüsch, das den Vögeln
Nistplätze bietet.

60,28 *Wetterbäche:* vom Gewitterregen entstandene oder
angeschwollene Bäche.

61,9 *mit Fittichen eines Kranichs:* vgl. »Faust« I, Vor dem
Tor, V. 1072–99.

22. August

63,4 *aufgefahren:* eingefallen.

63,8 *mir angelegen:* jdm. anliegen: jdn. mit Bitten bedrän-
gen; unser Modewort geht zurück auf Lk. 23,23: »Aber sie
lagen ihm an mit großem Geschrei und forderten ...«
(DWb. I, Sp. 402.)

63,11 *die Fabel vom Pferde:* bei Stesichorus, Horaz (»Epi-
stulae« I, 10) und La Fontaine (»Fables« IV, 13); vom Pferd,
das im Kampf gegen den Hirsch den Menschen zu Hilfe
ruft und danach vom Menschen ausgenutzt wird.

28. August

63,18 *Am 28. August:* Der 28. August war tatsächlich Goethes und auch Kestners Geburtstag.

63,23 *blaßroten Schleifen:* die am 16. 6. 71 (22,20 f.) und in
Werthers letzten Zeilen (149,26 f.) erwähnten. Charlotte

Buff schenkte Goethe, als er schon wieder in Frankfurt war, eine Schleife, die sie auf dem Ball in Volpertshausen am Kleid getragen hatte; siehe Goethes Brief vom 8. Oktober 1772 an Lotte (HA Briefe I, S. 135).

63,26 *Duodez:* Taschenformat; ein Buch, dessen Bogen in 12 Blatt (= 24 Seiten) gefalzt sind.

der kleine Wetsteinische Homer: von J. H. Wetstein in seiner Amsterdamer Offizin 1707 gedruckte Ausgabe »Homeri opera [...] graece et latine«, hrsg. von J. H. Lederlin. Da Lateinkenntnisse verbreiteter waren als das Griechische, erschienen die Homer-Ausgaben zumeist zweisprachig. Von den deutschen Übertragungen setzte sich erst die Hexameter-Fassung (1781–93) von Johann Heinrich Voß durch.

63,28 *mit dem Ernestinischen:* Ausgabe von J. A. Ernesti, 1759–64, griechischer Text mit lateinischer Übersetzung, in Oktav (also im größeren Format, bei dem der Bogen 8 Blatt = 16 Seiten ergibt).

30. August

65,21 *das härene Gewand und der Stachelgürtel:* aus Haaren gefertigtes rauhes Gewand der Einsiedler und Büßer und ein Gerät zur Kasteiung; Anklang an Mt. 3,4: »Johannes hatte ein Kleid von Kamelhaaren und einen ledernen Gürtel um seine Lenden.«

10. September

66,1 *Am 10. September:* Goethe verließ Wetzlar am 11. September 1772 sehr plötzlich und unerwartet nach einem ähnlichen Gespräch; siehe Goethes Brief vom 10. September 1772 an Charlotte Buff (HA Briefe I, S. 134), hier S. 93 und 94; dazu Goethe an Kestner am 10. April 1773 (ebd., S. 145 f.).

66,15 *im Garten:* derselbe, den Werther am 4. 5. 71 (6,27 ff.) erwähnt.

66,21 *ein geheimer sympathetischer Zug:* »sympathetisch« war ein Modewort des empfindsamen 18. Jh.s, das wahrscheinlich dem naturmystisch-alchimistischen Schrifttum entnommen wurde, und hier etwa bedeutet: mitempfindend, mitfühlend aufgrund einer unerklärbaren seelischen Sympathie, inneren Verbindung und Wechselbeziehung (DWb. X,IV, Sp. 1396–98); vgl. *daß sein Herz nicht sympathetisch schlägt* 29. 7. 72 (90,15 f.).

66,26 *romantischsten:* von »romantisch«, Adj. zu »Roman«; svw. ›romanhaft‹ (DWb. VIII, Sp. 1155–57). Vgl. *romantische Überspannung* (126,11).

66,32 *Boskett:* von frz. »bosquet«; Gehölzgruppen in Renaissance- und Barockgärten, Buschwerk.

67,21 f. *frappanter:* überraschender.

67,24 ff. *Niemals gehe ich im Mondenlichte ...:* Es war eine aus der englischen Literatur, der sogenannten ›graveyard‹-Dichtung, übernommene Mode, Mondschein mit Gedanken an Gräber und die Verstorbenen zu verbinden. Bekannt war vor allem auch Klopstocks Ode »Die frühen Gräber« (1764):

> Willkommen, o silberner Mond,
> Schöner, stiller Gefährte der Nacht!
> Du entfliehst? Eile nicht, bleib, Gedankenfreund!
> Sehet, er bleibt, das Gewölk wallte nur hin.
>
> Des Mayes Erwachen ist nur
> Schöner noch, wie die Sommernacht,
> Wenn ihm Thau, hell wie Licht, aus der Locke träuft,
> Und zu dem Hügel herauf röthlich er kömt.
>
> Ihr Edleren, ach es bewächst
> Eure Maale schon ernstes Moos!
> O wie war glücklich ich, als ich noch mit euch
> Sahe sich röthen den Tag, schimmern die Nacht.

In diesem Ton entstanden nach dem Erscheinen des »Werther« zahlreiche lyrische Wertheriaden. Vgl. die Wirkungsgeschichte, Kap. V.

68,25 *Es greift Sie zu stark an, liebe Lotte!:* Die Anreden
unter den Figuren sind vielgestaltig. Werther und seine
Freunde Wilhelm, Albert, Adelin duzen einander. Nur in
den offenen Zeilen mit der Bitte um die Pistolen (143,3 f.)
wird Albert von Werther gesiezt. Werther ist so frei, auch
Lotte zu duzen, die ihrerseits Werther siezt. Zwischen
Lotte und ihrem Bräutigam verhält es sich umgekehrt: Lotte duzt Albert und wird von ihm mit Vornamen und ›Sie‹
angeredet. Das entspricht nach A. Kestners Auskunft den
historischen Verhältnissen. Seine Mutter redet Werther
mit ›Ihr‹ an (147,18), einfache Leute wie den geistesver-
wirrten Heinrich (107,14 ff.) in der 3. Pers. Sg. Vgl. Erich
Schmidt, »Richardson, Rousseau und Goethe«, Jena 1875,
S. 255: »›Du‹ ist die Anrede der Poesie und Vertraulich-
keit, ›Sie‹ die Anrede der förmlichen Convenienz. [. . .] Oft
folgt dem Sie ein Du auf dem Fuße und umgekehrt. [. . .]
Caroline [Flachsland an Herder?]: ›Ach dass ichs I h n e n
so ganz sagen könnte, wie ich D i c h liebe.‹ Inneren Wi-
derstreit spiegelt der Wechsel der Anrede in den Briefen
Goethes an Frau v. Stein.«

20. Oktober 1771

71,3 *Der Gesandte:* historisch der braunschweigische Gesandte v. Hoefler, Vorgesetzter Jerusalems, denn dem
zweiten Buch liegt die Geschichte Karl Wilhelm Jerusalems
(1747–72) zugrunde, der sich aus unglücklicher Liebe zu
Elisabeth Herd, der Gattin des kurpfälzischen Legations-
sekretärs, das Leben nahm. Siehe die historisch-biographischen Grundlagen, Kap. III.
unpaß: unpäßlich, fühlt sich nicht wohl.
71,4 *sich . . . einhalten:* im Zimmer oder Haus aufhalten.
71,5 *unhold:* ungnädig, mürrisch.
71,9 *leichteres Blut:* Leichtigkeit, Unbeschwertheit; vgl.
Anm. zu 9,11 f. *von süßer Melancholie* und 34,3 *guten
Humor.*
71,12 *herumschwadronieren:* aus der Studentensprache; viele großsprecherische Worte machen.

71,18 *unter dem Volke:* unter den Menschen seiner neuen Umgebung, in der er tätig ist; vgl. *unter dem garstigen Volke* 24. 12. 71 (74,21 f.), *alle das Volk* 15. 3. 72 (81,18); nicht *die geringen Leute* 15. 5. 71 (9,17).

71,23 f. *zusammenhalten:* zum Vergleich nebeneinanderstellen.

72,5 *idealische:* nur in der Idee, in der Vorstellung gegeben; ohne Realität.

72,10 *Lavieren:* aus der Seemannssprache: seitwärts (im Zickzack) gegen den Wind segeln; daher übertr.: sich hindurchschlängeln, sich mit Geschick durch Schwierigkeiten hindurchwinden; die Verfolgung eines Zieles auf Umwegen.

26. November

72,19 *Grafen C...:* historisch der Präsident Graf von Bassenheim, der Jerusalem freundlich gesonnen war.

72,23 *Er nahm teil an mir:* Er zeigte wohlwollendes Interesse an mir, Mitgefühl. Vgl. *Teilnehmung* 30. 5. 71 (18,22) und *Anteil* 15. 11. 72 (103,13).

24. Dezember

73,3 *der pünktlichste Narr:* »pünktlich« in der allgemeineren Bedeutung: bis auf den Punkt sorgfältig und genau, vgl. Anm. zu 54,9 *Pedanten.* Goethe assoziierte mit dem Wort »pünktlich« auch die Punktiertechnik der Kupferstecher, über die er 1799 in »Der Sammler und die Seinigen« sagte: »Insofern ihre Arbeit lobenswürdig ist, mag man sie wohl M i g n a t u r i s t e n nennen; fehlt es ihnen ganz und gar an Geiste, haben sie kein Gefühl fürs Ganze, wissen sie keine Einheit ins Werk zu bringen, so mag man sie P ü n k t l e r und P u n k t i e r e r schelten« (HA XII, S. 93 f.).

73,4 *wie eine Base:* wie eine alte Jungfer (vgl. Anm. zu 10,9).

73,10 *Partikel:* ein nicht flektierbares Wort (Adverb, Präposition, Konjunktion); hier svw.: Ausdruck.

73,12 *Inversionen:* Inversion: Umkehrung der normalen

Wortstellung (auch: Satzglied- und Teilsatzstellung) im
Satz(ganzen); z. B. *so ungleich, so unstet hast du nichts
gesehn als dieses Herz* 13. 5. 71 (9,8 f.) oder *So vertraulich,
so heimlich hab’ ich nicht leicht ein Plätzchen gefunden*
26. 5. 71 (14,19–21). Übereinstimmend mit der Ablehnung
aller einengenden Regeln wurden derartige Freiheiten in
der Wortstellung von den Stürmern und Drängern als un-
mittelbarer Ausdruck geschätzt. – In seinen Fragmenten
»Über die neuere Deutsche Litteratur«, 1. Sammlung, 12.
Abhandlung, schrieb Herder 1767: »Je mehr sich also die
Aufmerksamkeit, die Empfindung, der Affekt auf einen
Augenpunkt heftet: je mehr will er dem andern auch eben
diese Seite zeigen, am ersten zeigen, im hellesten Lichte
zeigen – und dies ist der Ursprung der Inversionen.« (Zit.
nach: »Sämtliche Werke«, hrsg. von Bernhard Suphan,
Bd. 1, Berlin 1877, S. 191.) Vgl. auch Hamann, »Kreuzzü-
ge des Philologen«, 1762: »Die deutsche Sprache ist ihrer
Natur nach vor andern dieser Inversionen fähig; und ihre
Kühnheit trägt mit zum Ansehn unserer poetischen
Schreibart bey.« (Zit. nach: Johann Georg Hamann,
»Schriften zur Sprache«, Einl. und Anm. von Josef Simon,
Frankfurt a. M. 1967, S. 98 f.)

73,13 *seinen Perioden:* Periode: aus mehreren Teilsätzen
zusammengesetzter Gesamtsatz. Bei Goethe ist das Wort
noch ein Maskulinum und erscheint hier schwach flektiert
(die starke Flexion in der Erstfassung: »seinen Period«).

73,22 *sich darein resignieren:* sich darein ergeben, fügen.

73,28 f. *ich halte … Widerpart:* ich ergreife Gegenpartei, wi-
derspreche.

74,1 *Belletristen:* von frz. »belles-lettres«; Verfasser schön-
geistiger Schriften, leichter Unterhaltungsliteratur im Gegensatz zu wissenschaftlicher Fachliteratur.

74,12 *spanische Dörfer:* auch: böhmische Dörfer; Dinge,
von denen man nichts versteht.

74,13 *Deraisonnement:* (frz.) unvernünftiges, unsinniges
Gerede, Geschwätz.

74,13 f. *noch mehr Galle zu schlucken:* svw.: mich noch

mehr zu ärgern (vgl. die alten Wendungen »mir kommt die Galle hoch«, »mir läuft die Galle über« u. a. m.).

74,19 f. *auf der Galeere ... angeschmiedet:* sprichwörtlich. Die Galeere war ein im Mittelmeer gebräuchliches Kriegsschiff (»navis longa«), dessen zahlreiche Ruder von Sklaven und Sträflingen, die an den Ruderbänken angeschmiedet waren, bewegt wurden.

74,25 f. *ohne Röckchen:* unbemäntelt, unverhüllt.

75,6 *fatalen:* von lat. »fatum« ›Schicksal‹; verhängnisvollen, unheilbringenden.

75,7 *so gut als einer:* so gut wie irgendeiner, d. h. wie jeder andere.

75,12 *Fräulein von B ..:* Nicht, wie man zuerst annahm, Maximiliane La Roche, verheiratete Brentano, von der Werthers Lotte die schwarzen Augen hat, sondern wahrscheinlich Luise von Ziegler (Lila, 1750–1814). Erich Schmidt, »Richardson, Rousseau und Goethe«, Jena 1875, zitiert S. 286 f. aus Caroline Flachslands Briefen: »Lila ist Fräulein von Ziegler, Hofdame bei der Landgräfin von Homburg, ein außerordentlich empfindsames Mädchen. [...] Sie wird auf eine elende, schändliche Weise wegen ihres Herzens am Hof, wo leider menschliche Empfindungen für Narrheiten ausgeschrien werden, gepeinigt. [...] Wenn Goethe von Adel wäre, so wollte ich, daß er sie vom Hof [in Darmstadt] wegnähme, wo sie auf die unverantwortlichste Art verkannt wird.«

75,20 *Physiognomie:* hier: Gesichtsausdruck; vgl. *interessante Physiognomie* 30. 11. 72 (106,23 f.) und Anm. zu 47,7 *Schattenriß.*

75,27 *sich verpalisadiert:* sich verschanzt.

76,1 f. *das eherne Jahrhundert ... im eisernen:* Die alten Dichter und Philosophen unterschieden bis zu fünf Weltalter, Stufen der Kultur, Sittlichkeit und Glückseligkeit des Menschengeschlechts. Hesiod und Proklos nennen das goldene, das silberne, das eherne, das heroische und das eiserne Weltalter. Werther wendet eine solche Einteilung auf das Lebensalter an.

20. Januar

77,10 f. *Raritätenkasten:* einer der auf Jahrmärkten aufge-
stellten Guckkästen mit ein oder zwei Vergrößerungslin-
sen zum Betrachten von Bildern in richtiger Perspektive.

77,21 *Sauerteig:* gärender alter Brotteig, der immer wieder
als Treib- und Lockerungsmittel dem frischen Teig zuge-
setzt wird.

78,8 *vertraulichen:* vertrauten.

8. Februar

78,31 *Unbegriff:* Unverstand.

79,2 f. *in ihre eigenen Eingeweide zu wüten:* »Eingeweide«
hier im Sinn von ›Herz, Seele, Inneres‹; vgl. *inneres Eingeweide* (118,4 f.). »wüten« mit dem Akk. der Richtung.

20. Februar

80,1 *Am 20. Februar:* Dieser Brief ist zum guten Teil auto-
biographisch. Nachdem Goethe von Charlotte Buffs Vermählung mit Christian Kestner erfahren hatte, schrieb er
Anfang April 1773 an Kestner: »Gott segn' euch denn; ihr
habt mich überrascht. Auf den Karfreitag wollt' ich heilig
Grab machen und Lottens Silhouette begraben.« (HA
Briefe I, S. 145.)

15. März

80,25 *plan:* einfach.

80,26 *Chronikenschreiber:* Geschichtsschreiber, Historio-
graph; vgl. Anm. zu 12,17 *historisch.*

80,27 *distinguiert mich:* zeichnet mich aus. Jerusalem wurde
von Graf Bassenheim des öfteren zu Tisch geladen.

81,1 *Subalternen:* Untergeordnete.

81,4 *Obristen:* ältere Bezeichnung für Oberst, bis ins 17. Jh.
selbständiger Führer einer von ihm selbst geworbenen
Heeresabteilung.

Silhouette von Lotte Buff, 1772.
Diese Silhouette wurde im Oktober 1772 an Goethe nach
Frankfurt geschickt, am 17. Juli 1774 schrieb Goethe »Lotte
gute Nacht« darunter. Das Original mit Goethes Unterschrift
ist seit Kriegsende verschollen.

81,8 f. *Schnürleibe:* miederartiges, den Leib einschnürendes und formendes Kleidungsstück der Frauen.

81,9 *en passant:* (frz.) hier wörtl.: im Vorbeigehen.

81,10 *die Nation:* hier: die Adelsgesellschaft.

81,18 f. *angestochen:* aus der Jagdsprache; verletzt (wie durch Stiche).

81,23 *Krönungszeiten Franz des Ersten:* Franz I. (1708–65), Herzog von Lothringen, später Großherzog von Toskana, seit 1736 Gatte Maria Theresias, wurde 1745 zum deutschen Kaiser gekrönt. Die Garderobe des Barons war also 27 Jahre alt und altmodisch.

81,24 *in qualitate Herr von R ..:* also nicht in seiner Eigenschaft als Hofrat, sondern als Mitglied der *noblen Gesellschaft* (80,30).

81,25 *übel fournierten:* schlecht ausgestatteten.

81,29 *lakonisch:* kurz angebunden (kurz und treffend ausdrückend wie die Lakonier, die Spartaner).

81,32 *zirkulierte:* Kreise zog, sich herumsprach.

82,1 f. *in ein Fenster:* eine Fensternische. Bei alten Häusern mit großer Mauerstärke befinden sich innen vor den Fenstern Nischen.

82,5 *Ihro Exzellenz:* »Ihro« war der Form nach Dat. Sg. Fem. oder Gen. Pl. von »ihr«; erst gegen Ende des 17. Jh.s kam in Verbindung mit Titeln das unveränderliche possessive »Ihro« auf; es wurde in der Mitte des 18. Jh.s noch als neu empfunden (DWb. IV, II, Sp. 2058); »Exzellenz« (›Erhabenheit‹) ist seit dem 16. Jh. Anrede und Titel für höhere Beamte.

82,8 *ein böser Genius:* ein böser Geist. – »Die Vorstellung von zwei Genien des Menschen, einem guten und bösen G., rührt von den Griechen her; der Volksglaube verband mit dem Begriff des G. stets die Vorstellung eines guten, fördernden Wesens, [...] das bei Erzeugung und Geburt des einzelnen Menschen mitwirkt, sein Wesen bestimmt, ihn als Schutzgeist durchs Leben begleitet und noch nach dem Tode in den Laren [...] fortlebt.« (»Meyers Konversations-Lexikon«, 6. Aufl., Bd. 7, Leipzig 1907, S. 569.)

32,12 *Kabriolett:* von frz. »cabriolet«: leichter, zweirädriger Einspänner.

32,15 f. *wie Ulyß von dem trefflichen Schweinhirten bewirtet wird:* »Odyssee«, 14. Gesang; »Ulyß« (oder »Ulysses«) ist die lateinische Namensform für »Odysseus«.

32,20 *Adelin:* nur in diesem und dem folgenden Brief erwähnt.

16. März

33,15 *um Ihrentwillen:* ältere Form von »um ihretwillen«, aus der Formel »um ihren Willen«.

33,23 *ehegestern:* vorgestern.

34,2 *gestern nacht:* hier südd. für: gestern abend.

34,2 f. *ausgestanden:* ausgehalten.

34,10 *geträtscht:* von mundartlich »tratschen«, oberd. »trätschen« für ›schwatzen, klatschen‹.

24. März

35,1 *in einem Säftchen:* wie eine bittere Medizin in schmackhafter Lösung.

35,5 *Geheimenrat:* Die Geheimen Räte waren ursprünglich Ratgeber des Fürsten; seit Ende des 17. Jh.s bildeten sich aus den Ratskollegien die Ministerien; als der Titel auch an geringere Beamte im Kanzlei- und Rechnungswesen vergeben wurde, nannte sich der höhere Beamte Wirklicher Geheimer Rat.

35,5 *Halte:* Das Wort »die Halte« (›das Haltmachen‹) bezeichnete urspr. den Weideplatz für das Vieh. Goethe benutzt hier die um das Verbum verkürzte alte Formel »Halte machen«. (DWb. IV,II, Sp. 274.)

19. April

35,28 *Dukaten:* urspr. in Venedig geprägte Goldmünzen. Sie bekamen ihren Namen nach der Umschrift »Sit tibi Christe datus quem tu regis iste ducatus« (»Dir, Christus, sei dieses Herzogtum gegeben, welches du regierst«). Seit

1559 deutsche Reichsmünze, wurde der Dukaten in Süddeutschland bis 1871 geprägt. Vgl. Anm. zu 17,20 *Kreuzer*. – Der Erbprinz von Braunschweig hatte versucht, Jerusalem zum Bleiben zu überreden und ihm Geld angeboten.

9. Mai

86,10 *Am 9. Mai:* Der Brief bringt aufschlußreiche Einzelheiten für die Deutung Werthers. Nach R. Hering, »Heimatliche Spuren in Goethes Jugenddichtungen«, in: »Goethe-Kalender« 28 (1935), S. 111 ff., werden hier lokale Einzelheiten Frankfurts beschrieben.

86,12 *Pilgrims:* im gehobenen Stil für »Pilger«, aus der alten Eindeutung von lat. »peregrinus« ›der Fremde‹. Vgl. *Pilgrimschaft* 30. 11. 72 (109,9).

86,22 *Busen:* die Brust als Wohnung des Herzens und dadurch der Ort der innersten Gefühle und Empfindungen.

87,11 f. *unsere Kindheit zusammengepfercht:* Nach Werthers Empfinden waren die Kinder der Stadt in der Schule wie Herdenvieh in einem engen Pferch oder Hürdenschlag eingeschlossen. Das gleiche Gefühl ließ Werther die *Akademien* (11,25) als geistige Beengung empfinden.

87,12 *Kramladen:* Der Krämer war der Einzelhändler, im Gegensatz zum Kaufmann, dem Großhändler.

87,31 *Altväter:* vgl. *wie sie, alle die Altväter … 12. 5. 71* (8,24 f.). Werther rechnet Homer zu den Altvätern.

88,1 *Was hilft mich's:* alter Akk. der Person in formelhafter Wendung. Goethe benutzte gewöhnlich den Dativ.

88,8 *Schelmen:* Schurken, Betrüger.

88,9 *Ansehen:* Aussehen.

11. Junius

89,4 *nicht in meiner Lage:* nicht an meinem rechten Platz.

89,6 f. *von ganz gemeinem Verstande:* von gewöhnlichem, durchschnittlichem Verstand.

89,15 *Imagination:* Einbildungskraft.

16. Junius

39,20 *Waller:* Wallfahrer, Pilger; vgl. das Leben als Wallfahrt 30. 11. 72 (109,9 ff.).

29. Julius

90,15 f. *daß sein Herz nicht sympathetisch schlägt:* nicht im
verbindenden inneren Gleichklang.
90,16 *bei der Stelle eines lieben Buches:* vgl. Werthers und
Lottes Zusammenfinden im Gespräch über Literatur im
Brief vom 16. 6. 71 und den Gipfel dessen im Aussprechen
des Namens Klopstock als *Losung* (30,15) sowie später die
gemeinsame Ossian-Lektüre.

4. August

90,28 *mein gutes Weib:* aus dem Brief vom 27. 5. 71
(16,23 ff.).

4. September

92,27 *Hausfrau:* Hausherrin.
93,14 f. *Protestationen:* Beteuerungen.
94,18 f. *Wir Gebildeten – zu Nichts Verbildeten!:* Werthers
Ablehnung der »hergebrachten sittlichen Worte« (94,14)
und der Bildung als Verbildung kennzeichnet ebenso wie
die Vorbehalte gegenüber den Akademien (11,25 f.) und
der Schulstube (87,11 f.) seinen kulturpessimistischen
Standpunkt. Das heißt, Werther stellt sich hier ganz auf die
Seite Rousseaus, der in seinem Roman »Émile ou de l'Édu-
cation« (1762) die Kultur als Entartung des natürlichen
Zustandes abtut und darum dem unverdorbenen Kind
Émile statt (miß-)bildender Erziehung nur Gelegenheit zur
Entfaltung seiner natürlichen Kräfte geben will. – Ähnlich
geht auch der Geniegedanke davon aus, daß der wirklich
schöpferische Mensch allein aus sich und seinen persönli-
chen Gaben heraus Höchstleistungen vollbringt. In der
»Kritik der Urteilskraft« (1790) definiert Kant: »Genie ist

das Talent (Naturgabe), welches der Kunst die Regel gibt.
Da das Talent, als angebornes produktives Vermögen des
Künstlers, selbst zur Natur gehört, so könnte man sich
auch so ausdrücken: Genie ist die angeborne Gemütsanlage
(ingenium), durch welche die Natur der Kunst die Regel
gibt« (§ 46). »Darin ist jedermann einig, daß Genie dem
Nachahmungsgeiste gänzlich entgegen zu setzen sei«
(§ 47). Vgl. Anm. zu 11,18 *Stempel des Genies.*

5. September

95,3 *Billet:* (frz.) Briefchen.

6. September

95,12/16 *blauen einfachen Frack / gelbe Weste und Beinklei-
der dazu:* eine im Jahr 1771 häufige Kombination, die auch
Jerusalem trug. Durch den Roman von Werthers Leiden
wurde sie zur beliebten Tracht der Empfindsamen.
95,14 *unscheinbar:* glanzlos, matt, unansehnlich.

15. September

97,8 *vertrauern:* sich vor Trauer abhärmen und darüber zugrunde gehen.
97,12 *die Frau Pfarrerin:* Sie verkörpert Goethes persiflie-
rende Erinnerung an die Pietistin Johanna Dorothea Gries-
bach (1726–75), die Goethe in Frankfurt bei Fräulein von
Klettenberg kennengelernt hatte und von der es noch im 8.
Buch von »Dichtung und Wahrheit« heißt, sie »schien zu
streng, zu trocken, zu gelehrt« und führte »einen so großen
Apparat [von Gelehrsamkeit] auf dem Wege zur Seligkeit
mit sich« (HA IX, S. 339).
an Butter und Eiern: Die Pfarrer bezogen von der Gemeinde als Entgelt für ihre Dienste ein Naturaliendeputat.
97,18 *sich abgibt:* Goethe verzichtet hier, wie auch sonst
gelegentlich, auf die Präposition der vollen Wendung »sich
mit etwas abgeben« (DWb. I, Sp. 44).

97,18 f. *sich ... meliert:* sich einmischt.

Untersuchung des Kanons: »Kanon« nennt man die von der
Kirche offiziell anerkannten Bücher der Bibel im Gegensatz zu den Apokryphen. Mit der aufkommenden historischen Betrachtungsweise im 18. Jh. begann man den Kanon philologisch-kritisch zu untersuchen.

97,20 *moralisch-kritischen Reformation:* von Bahrdt, Base-
dow, Eberhard u. a. vorgetragene Gedanken zur Loslö-
sung der allgemein menschlichen Züge des Christentums
von der geschichtlichen, offenbarten Seite.

97,21 *Lavaters Schwärmereien:* Lavater, den der ›Herausgeber‹ in der Fußnote zum Brief vom 1. 7. 71 (37) erwähnt,
war Vertreter eines unhistorischen Gefühlchristentums.
Werthers Meinung sollte hier nicht vorbehaltlos mit Goethes Meinung gleichgesetzt werden. Siehe Goethes Kritik
an Lavaters »Aussichten in die Ewigkeit« (1768 ff.) in den
»Frankfurter Gelehrten Anzeigen«, 3. November 1772,
S. 579 ff.

97,30 f. *Kennikot, Semler und Michaelis:* Benjamin *Kennicot*
(1718–83), Theologe, war seit 1753 führend in der alttestamentlichen Textkritik. Johann Salomo *Semler* (1725–91),
Professor der Theologie in Halle, unterschied streng zwischen Schrift und Wort Gottes. In der Schrift sah er ein
menschlich-geschichtliches Zeugnis der Offenbarung, das
wohl einer »freien Untersuchung« ausgesetzt werden darf.
Johann David *Michaelis* (1717–91), Professor für orientali-
sche Sprachen in Göttingen, unterstützte die kritischen
Theologen mit seinem Fachwissen.

97,33 *gelitten:* geduldet.

98,1 *Schulze:* verkürzte Nebenform zu »Schultheiß«, Ge-
meindevorsteher.

98,3 f. *von seiner Frauen Grillen:* »Frauen« ist der alte Gen.
Sg.

98,6 *Kammer:* Rentkammer; landesfürstliche Rechnungsbe-
hörde, welche die regelmäßigen Einkünfte einzieht.

98,7 *Prätensionen:* Ansprüche.

12. Oktober

98,21 *Ossian hat in meinem Herzen den Homer verdrängt:*
James Macpherson (1736–96), Lehrer in Edinburgh, dichtete 1761–65 unter Verwendung alter irischer und schotti-
scher Sagen und Volksballaden Heldenlieder, die er für
Übersetzungen alter gälischer Fragmente ausgab. Man
glaubte lange, ein Sänger namens Ossian sei der Verfasser
gewesen. – Werthers Brief vom 12. 10. 71 beschreibt die
Welt Ossians sehr genau. Es ist eine wilde, nebelreiche,
von keinem Gott durchwaltete Naturlandschaft, eintönig
traurig und unerbittlich gegen ihre Bewohner. Die Glieder
dieses heldenmütigen Geschlechtes, das selbst nur schat-
tenhaft durch Vergleiche mit der Natur gezeichnet ist, gehen jung und tragisch unter, um hernach im preisenden
Andenken ihrer großen Sänger fortzuleben. – Das balla-
deske, schwer durchschaubare, leidenschaftliche Geschehen wird in gefühlsgeladener, rhythmisch-lyrischer Sprache vorgetragen. – Goethe war mit dieser Dichtung in
Straßburg durch Herder bekannt geworden. Vgl. die Erwähnung Ossians am 10. 7. 71 (42,14) und unten die Gesänge (131 ff.). Vgl. auch Herders Aufsatz »Über Ossian
und die Lieder der alten Völker« (1771), erschienen 1773 in
dem Sammelband »Von Deutscher Art und Kunst«; auch
Hans Hecht, »James Macpherson's Ossian-Dichtung«,
in: »Germanisch-Romanische Monatsschrift« 10 (1922)
S. 220–237, und Herbert Schöffler, »Ossian. Hergang und
Sinn eines großen Betrugs«, in: »Goethe-Kalender« 34
(1941) S. 123–162, wiederabgedr. in: H. Sch., »Deutscher
Geist im 18. Jahrhundert«, Göttingen 1956, S. 135–154.

99,4 f. *Sterne des Abends:* vgl. den Anfang der Ossian-Lektüre (131,1).

99,15 f. *Der Wanderer wird kommen:* freies Zitat aus
Ossians Gesang »Berrathon« (139,4).

99,17 f. *Fingals trefflicher Sohn:* Fingal ist der Sohn Com-
hals, König von Morven, Vater des Sängers Ossian und
Held in dessen Gesängen.

26. Oktober

100,20 *Skripturen:* Sg. »Skriptur«, von lat. »scriptura«; Schriftstücke.

100,21 *Möbeln:* alter Pl., in Anlehnung an die Nebenform »Mobilien«.

3. November

102,23 *verlechter Eimer:* »verlechen« heißt durch Austrocknung und Hitze rissig werden, so in Pred. 12,6: »Und der Eimer zerlech(z)e am Born«; verwandt mit »lechzen« und »Leck«.

102,25 f. *der Himmel ehern über ihm:* »ehern« ist ein stetes Beiwort zu »Himmel« bei Homer; vgl. auch 5. Mose 28,23: »Dein Himmel [. . .] wird ehern sein und die Erde unter dir eisern.«

8. November

103,3 *Exzesse:* Ausschweifungen.

103,4 *Bouteille:* (frz.) Flasche.

15. November

103,15 f. *Müdseligkeit:* Lebensmüdigkeit; Goethes Neubildung in Analogie zu Ableitungen von Substantiven auf »-sal«, z. B. »mühselig« aus »Mühsal«, »trübselig« aus »Trübsal«, und der substantivischen Weiterbildung »-seligkeit«. Vgl. Anm. zu 119,13 *Lebensmüde.*

103,16 ff. *Ich ehre die Religion . . .:* Die nun häufiger werdenden Bibelanklänge in der Sprache dürfen nicht über Werthers unorthodoxe Weltanschauung täuschen. Goethe hatte 1769 Gottfried Arnolds »Unpartheyische Kirchen- und Ketzerhistorien« (1699) gelesen. Über die Lektüre schrieb er am Ende des 8. Buches von »Dichtung und Wahrheit«: »Seine [Arnolds] Gesinnungen stimmten sehr zu den meinigen, und was mich an seinem Werk besonders ergetzte, war, daß ich von manchen Ketzern, die man mir

bisher als toll oder gottlos vorgestellt hatte, einen vorteil-
haftern Begriff erhielt. Der Geist des Widerspruchs und die
Lust zum Paradoxen steckt in uns allen. Ich studierte flei-
ßig die verschiedenen Meinungen, und da ich oft genug
hatte sagen hören, jeder Mensch habe am Ende doch seine
eigene Religion, so kam mir nichts natürlicher vor, als daß
ich mir auch meine eigene bilden könne, und dieses tat ich
mit vieler Behaglichkeit. Der neue Platonismus lag zum
Grunde; das Hermetische, Mystische, Kabbalistische gab
auch seinen Beitrag her, und so erbaute ich mir eine Welt,
die seltsam genug aussah.« (HA IX, S. 350.) Werthers
Grundeinstellung zur Religion scheint der des jungen Goethe sehr verwandt. Vgl. Max Heynacher, »Goethes Philosophie aus seinen Werken«, Leipzig 1905, S. 9; Fritz
Blanke, »Der junge Goethe vor der religiösen Entscheidung (1768 bis 1771)«, in: »Die Furche« 33 (1932) H. 2,
S. 122–136; ferner die Goethe-Aufsätze von Herbert
Schöffler, besonders »Die Leiden des jungen Werther«.
Auch Johanna Graefe, »Die Religion in den ›Leiden des
jungen Werther‹«, und Hanna Fischer-Lamberg, »Das Bi-
belzitat beim jungen Goethe«, in: »Gedenkschrift für Fer-
dinand Josef Schneider«, hrsg. von Karl Bischoff, Weimar
1956, S. 217 ff.

103,23 f. *der Sohn Gottes ... gegeben hat:* Joh. 6,65: »Niemand kann zu mir kommen, es sei ihm denn von meinem
Vater gegeben.«

104,2–4 *Und ward ... bitter:* Mt. 26,39: »Mein Vater, ist's
möglich, so gehe dieser Kelch von mir.«

104,7 *Sein und Nichtsein:* Anklang an »Hamlet« III,1, V. 56.
Monolog: »To be, or not to be ...«

104,14 f. *Mein Gott! ... verlassen?:* wörtl. Mt. 27,46.

104,17 f. *der die Himmel zusammenrollt wie ein Tuch:* Anklang an Ps. 104,2: »du breitest aus den Himmel wie einen
Teppich«.

22. November

105,8 f. *Ich witzle mich … herum:* svw.: Ich quäle mich vernünftelnd … herum. Vgl. *Witze* 17. 5. 71 (11,17).

105,9 *mir's nachließe:* erlaubte, gestattete.

105,10 *Litanei:* in der christlichen Liturgie ein langes Wechselgebet bei Prozessionen und in der Kirche, bei dem die Gemeinde auf die Anrufungen des Vorsängers oder Vorbeters mit einer stets gleichbleibenden Bittformel antwortet; übertr.: lange, eintönige, sich wiederholende Herzensergießung oder Darlegung (DWb. VI, Sp. 1071).
Antithesen: Entgegensetzungen.

30. November

107,3 f. *Ich suche … Blumen –:* Der Mensch im »grünen schlechten Rocke« (106,20) erinnert an die geistig umnachtete Ophelia in »Hamlet« IV,5.

107,8 *Jelängerjelieber:* volkstümlicher Name für verschiedene langblühende Pflanzen, vor allem Geißblatt, Lonicera caprifolium.

107,10 *Da haußen:* Zu dem Adv. »außen« trat zunächst ein »hie« der Richtung, von dem nur das »h« erhalten blieb, dann die Verstärkung »da«.

107,12 *Tausendgüldenkraut:* rotblühendes Enziangewächs.

107,22 *Generalstaaten:* niederl. »Staten-Generaal«, seit 1464 die gemeinsame Vertretung der niederländischen Provinzen (Provinzialstände), nach dem Abfall der nördl. Niederlande von Spanien, 1579, die souveräne Regierungsgewalt des Staatenbundes der sieben Provinzen; bis 1795 die offizielle Bezeichnung der Niederlande. – Die Niederlande galten wegen ihrer Kolonien als reich.

108,32 f. *einer irdischen Hindernis:* Goethe verwandte »Hindernis« als Neutrum und, wie hier, als Femininum (vgl. DWb. IV,II, Sp. 1410).

109,28 f. *rückkehrender Sohn:* vgl. das Gleichnis vom verlorenen Sohn, Lk. 15,11–24.

4. Dezember

110,21 *die alte himmelsüße Melodie:* vgl. Lottes *Leiblied*
16. 7. 71 (44,27 ff.).

111,2 f. *widerstehen Ihnen:* »widerstehen« mit Dat. der Person: zuwider sein.

Der Herausgeber an den Leser

118,30 f. *in seinem wirksamen Leben:* in seinem berufstäti-
gen Leben.

119,13 *Lebensmüde:* Lebensmüdigkeit; Goethes Neubildung von dem Adj. »lebensmüde«. Vgl. die Neuschöpfung
Müdseligkeit (103,15 f.).

12. Dezember

120,28 *stoppelt:* stoppeln: in die Stoppeln gefallene Ähren
auflesen, ein den Armen zugestandenes Recht; übertr.:
mühsame Sammelarbeit.

14. Dezember

122,5 *Zaudern und Zagen:* wieder Anklang an »Hamlet«,
III,1, V. 60 ff.; vgl. auch »Faust« I, Nacht, V. 690 ff.

Der Herausgeber an den Leser

123,21 *Spielwerke:* Spielzeuge.

123,30 f. *geschickt:* »geschickt sein« hier im Sinn von: han-
delnd, wie es sich schickt, geziemt (DWb. IV,I,2, Sp.
3883 f.).

123,31 *Wachsstöckchen:* gezogene Wachslichter; hergestellt,
indem der Docht mehrfach durch ein Wachsbad und anschließend durch ein formgebendes Loch gezogen wird.

124,9 *worein:* aus dem älteren Adv. »warein« mhd. »warîn«
›wo hinein‹; hier in relativem Gebrauch statt »in den«. Die
Erstfassung liest »worinn« (S. 182).

*Titelkupfer zum ersten Band von »Goethe's Schriften« bei
G. J. Göschen, Leipzig 1787, gezeichnet von Ramberg nach
Angelika Kauffmann, gestochen von Geyser.*

124,22 *Er knirrte mit den Zähnen:* »knirren« vom selben
Wortstamm wie »knarren« und »knurren«, daraus über
»knirsen« auch das in diesem Kontext gebräuchliche »knir-
schen«.

124,32 *Politisch:* in der alten Bedeutung: weltklug, prak-
tisch, diplomatisch.

125,28 *Burschen:* vgl. *Bauerbursch* 30. 5. 71 (18,21), *Diener*
18. 7. 71 (45,17), *Bediente* (125,32), *Knaben* (145,31) und
Jungen (147,2).

21. Dezember

126,11 *romantische Überspannung:* romantisch: svw. ›romanhaft, empfindsam‹ (vgl. Anm. zu 66,26).

126,32 *ausgetragen:* ausgelitten, d. h. zur Reife gebracht.

Der Herausgeber an den Leser

127,15 *auskehren:* ausbürsten.

127,17 *Kontos zu fordern:* Abrechnungen zu verlangen.

128,12 *Kleider einnähen:* Kleider wurden, vor allem auf Reisen, in Tücher eingenäht.

130,18 f. *das Mädchen … in das Nebenzimmer sitzen lassen:*
»sitzen« in der Bedeutung ›sich setzen‹ ist oberd.; vgl. »einem Pferde auf- oder absitzen«.

130,21 *eine Menuett:* »Menuett« wurde zu Goethes Zeit
auch als Femininum gebraucht.

130,27 *Gesänge Ossians:* Goethe hatte bereits in Straßburg
Ossians »Songs of Selma« übersetzt; vgl. den Anfang des
englischen Texts und der ersten Übersetzung, S. 77 f., mit
der Fassung im Roman. Bei dem Einbezug dieser Stellen
ging es Goethe nicht um eine Verherrlichung der Ossian-
Dichtung, sondern um die Charakteristik Werthers, dessen Selbstspiegelung in den motivlichen Parallelen. Das
wurde oft übersehen. Der Engländer Henry Crabb Robinson berichtet in seinem Tagebuch unter dem Datum vom
2. August 1829 über ein Gespräch mit Goethe: »Something
led him to speak of Ossian with contempt. I remarked: The

taste for Ossian is to be ascribed to you in a great measure.
It was ›Werther‹ that set the fashion. He smiled and said:
›That's partly true, but it was never perceived by the critics
that Werther praised Homer while he retained his senses,
and Ossian when he was going mad. But reviewers do not
notice such things.‹« (Robinson, »Diary«, ed. by Th. Sad-
ler, vol. 2, London 1869, p. 432.)

Ossian

131,1–138,18 *Stern der dämmernden Nacht, schön funkelst
du in Westen . . .:* »Star of descending night! fair is thy light
in the west!« Anfang von »The Songs of Selma«. Grundge-
danke der nachfolgenden Gesänge ist, daß die Toten des
preisenden Liedes bedürfen, um darin fortzuleben. So
kommt es in der Totenklage Ossians bei spärlich angedeu-
teten und verschachtelten Handlungsteilen zur Häufung
der Namen von Helden und Sängern.
Ossian: Sänger, Sohn Fingals und Vater Oskars. – *Lora:*
Landschaft, Wiese unterhalb des Hügels Selma. – *Fingal:*
König von Morven, Vater Ossians. – *Ullin:* Sänger, der
Alpins Gesang wiederholt. – *Ryno, Alpin:* Sänger, die ge-
meinsam den Tod des Helden Morar besangen; Ossian und
Ullin wiederholten den Wechselgesang. – *Minona:* Sängerin der Klagen Colmas, Tormans Tochter, Schwester des
Helden Morar. – *Selma:* Landschaft; Hügelstätte, auf der
Fingal sich mit seinen Helden und Sängern versammelt. –
Salgar: Colmas toter Geliebter. – *Colma:* Geliebte Salgars;
ihre Klage um den toten Salgar wiederholt die Sängerin
Minona; daran erinnert Ossian. – *Morar:* Held; Sohn Tormans, dessen Tod zuerst von den Barden Ryno und Alpin
besungen wurde und später von Ossian und Ullin, wiederum erinnert durch Ossian. – *Oskar:* Held; Sohn Ossians
und Enkel Fingals. – *Morglan:* Großvater mütterlicher-
seits des Helden Morar. – *Armin:* Held; Beherrscher
der Insel Gorma. – *Carmor:* Held; Fürst des Galmal. –
Colgar: Sohn Carmors. – *Annira:* Tochter Carmors. –

Daura: Tochter Armins. – *Arindal:* Sohn Armins. – *Fura:*
Landschaft. – *Armar:* Geliebter Dauras, Armaths Sohn,
der irrtümlich Arindal, den Bruder seiner Geliebten, tötet.
– *Erath:* Sohn Odgals, der seinen von Armar erschlagenen
Bruder an Daura, der Geliebten Armars, rächt.

131,20 *buhlten:* warben um, wetteiferten.

132,9 *schnobend:* schnobernd; schnuppernd.

132,10 f. *des verwachsenen Stroms:* des von Pflanzen zuge-
wachsenen Stroms (DWb. XII,I, Sp. 2067 f.).

139,1 *Warum weckst du mich, Frühlingsluft?:* »Why dost
thou awake me, O gale?« Vom Anfang des Gesanges »Berrathon«; eine ganz andere Stelle, die Goethe hier anschließt, weil sie sich unmittelbar auf Werther beziehen
läßt.

Der Herausgeber an den Leser

139,9 *Er warf sich vor Lotten nieder:* Dieser Darstellung liegt
die letzte Begegnung Jerusalems mit der Frau des Sekretärs
Herd zugrunde, von der Goethe durch Kestner wußte.

21. Dezember

141,7 ff. *Ich hatte eine Freundin …:* die im Brief vom
17. 5. 71 (11,7 ff.) erwähnte; vgl. Anm. zu 11,7.

141,12 f. *ängstliche Lade:* Angst erregende hölzerne Kiste;
der Sarg.

142,20 f. *Ich gehe voran! gehe zu meinem Vater:* Anklang an
Joh. 14,28: »Ich gehe zum Vater.«

142,26 *ich wähne nicht:* ich bin nicht im Wahn.

142,27 f.: *wir werden uns wieder sehen!:* wörtlicher Rückruf
aus dem Gespräch vom 10. 9. 71 (70,15 f.); vgl. auch die
Beschwörung der Mutter Lottes.

Zettel

143,3 f. *Ihre Pistolen leihen:* Es war damals nicht ungewöhnlich, auf Reisen vorbeugend gegen Wegelagerer Waffen zu tragen. Werther hatte die Pistolen früher schon einmal geliehen (Anfang des Briefes vom 12. 8. 71, 52,14). Er siezt Albert, da es sich hier um eine unpersönliche, offene Nachricht handelt. Die historischen Zeilen Jerusalems an Kestner lauten: »Dürfte ich Ew. Wohlgeb. wohl zu einer vorhabenden Reise um ihre Pistolen gehorsamst ersuchen? – J. d. 29. Oct. 1772. Mittags 1 Uhr.« – Goethe nahm den Brief bei seinem Besuch Anfang November 1772 in Wetzlar an sich; vgl. Abb. S. 94; das Original liegt in Weimar.

Der Herausgeber an den Leser

143,12 f. *unmutige Vergleichung:* mißmutiger, schwermütiger Vergleich.

144,7 *die Stockung:* das Verschweigen, Verhalten der wahren Gefühle füreinander.

144,17 *worden:* präfixlose Partizipialform von »werden«, die seit dem frühen Nhd. und vereinzelt bis ins 19. Jh. neben »geworden« steht.

144,23 *ihn ... bestritten:* mit ihm (darüber) gestritten.

145,20 *erbrechen:* öffnen durch Zerbrechen der Siegel.

145,31 *Werthers Knaben:* Im 18. Jh. bezeichnete »Knabe« auch den jungen Bediensteten, wie heute noch »Mädchen« im Wort »Zimmermädchen« die Bedienstete meint.

Nach eilfe

148,18 *gegen mir über:* bei Goethe öfter für »mir gegenüber«.

148,20 *aufgehabenen:* ältere Form – seit dem Erstdruck bis zur Jubiläumsausgabe von 1824 – für »aufgehobenen«. (Vgl. DWb. I, Sp. 663.)

148,26 *Schattenbild:* der Schattenriß aus den Briefen vom 24. 7. 71 (47,7) und 20. 2. 72 (80,7).

148,31 *meine Leiche zu schützen:* Da Selbstmord der christlichen Religion nach eine Sünde ist, wurde Selbstmördern in der Regel ein christliches Begräbnis, oft jedes Begräbnis auf dem Friedhof der Gemeinde, versagt. Magister Friedrich Christian Laukhard, damals Student in Gießen, hatte nach Jerusalems Tod Wetzlar besucht; in seinen Erinnerungen schrieb er darüber: »Der Amtmann Buff, ein redlicher Mann, bat den Pfarrer Pilger um die Erlaubnis, die Leiche des Unglücklichen auf dem Gottesacker zu begraben. Aber der Pfaffe, der leider in dieser Sache zu befehlen hatte, sah jeden Selbstmörder als ein Aas an, das eigentlich für den Schinder gehöre, und versagte die Erlaubnis. Kaum konnte der Graf von Spauer, der sich recht tätlich für Jerusalems ehrliche Bestattung interessierte, so viel erhalten, daß der Erblaßte auf einer Ecke des Gottesackers durfte begraben werden. Pastor Pilger hat hernach mehrere Predigten gegen den Selbstmord gehalten und den guten Jerusalem so kenntlich beschrieben, daß jedermann merkte, er sei es, der nun in der Hölle an eben dem Orte ewig brennen müsse, wo Judas der Verräter brennt [...].« (Zit. nach: Migge, S. 37.)

149,6–8 *Priester und Levit ... und der Samariter:* Anspielung auf Lk. 10,31–33: »Es begab sich aber ungefähr, daß ein Priester dieselbe Straße hinabzog; und da er ihn sah, ging er vorüber. Desgleichen auch ein Levit; da er kam zu der Stätte und sah ihn, ging er vorüber. Ein Samariter aber reiste und kam dahin; und da er ihn sah, jammerte ihn sein.« – Eine Polemik Werthers gegen die Orthodoxen und ein Appell an die empfindsamen Samariter in seinem Fall.

149,9 f. *Ich schaudere nicht, den kalten schrecklichen Kelch zu fassen:* Anklang an Joh. 18,11: »Soll ich den Kelch nicht trinken, den mir mein Vater gegeben hat?«

Der Herausgeber an den Leser

150,6 *Blick vom Pulver:* svw. ›Blitz vom Pulver‹; nach der alten Bedeutung des Wortes »Blick«: schnell schießender Lichtstrahl.

150,21 *Man ließ ihm ... eine Ader:* Der Aderlaß (venae sectio), die Öffnung einer Vene, meist der Armvene, und Entnahme von 200 bis 500 ccm Blut zur Ableitung und Senkung des Blutdrucks wurde seit Hippokrates (460 bis 377 v. Chr.) nicht nur an Kranken vorgenommen. Die Barbiere, die den Aderlaß ausführten, machten das Becken, in dem das Blut aufgefangen wurde, zu ihrem Zunftsymbol. Vgl. auch: *Man erzählt von einer edlen Art Pferde, die, wenn sie schrecklich erhitzt und aufgejagt sind, sich selbst aus Instinkt eine Ader aufbeißen, um sich zum Atem zu helfen* 16. 3. 72 (84,21–24).

150,25 f. *konvulsivisch:* krampfhaft zuckend.

151,3 f. *»Emilia Galotti«:* Drama von Lessing, 1772, in dem die Heldin die einzige sittliche Rettung in ihrem Tod sieht. Tatsächlich lag, Kestners Bericht zufolge (s. Kap. III, S. 105), ein Exemplar dieses Dramas auf Jerusalems Pult, als man ihn auffand.

156,16 *tuschten:* dämpften, beschwichtigten.

151,16–20 *Nachts gegen eilfe ... Handwerker ... Kein Geistlicher:* Das Begräbnis bei Nacht war üblich, ebenso daß Gesellen einer Handwerkerzunft den Sarg trugen. Das Fehlen des Geistlichen ist allerdings eine auffallende Abweichung von der üblichen Beerdigungszeremonie.

II. Entwürfe, Varianten, Paralipomena

1. Entwürfe

Goethe schrieb »Die Leiden des jungen Werthers« nach seinen eigenen Worten in vier Wochen nieder. Zu dieser ersten, schnellen Niederschrift gibt es so gut wie keine Entwürfe. Ein einziges handschriftliches Blatt vermittelt uns bescheidene Einsicht in Goethes Arbeitsweise. Das Quartblatt enthält eine tagebuchähnliche Aufzeichnung Werthers über den Empfang der Pistolen:

»Sie sind durch ihre Hände gegangen, sie hat den Staub davon geputzt, ich küsse sie tausendmal, sie hat euch berührt. Und du Geist des Himmels begünstigst meinen Entschluss. Und sie reicht dir das Werckzeug, Sie von deren Händen ich den Todt zu empfangen wünschte und ach nun empfange. Sie zitterte sagte mein Bedienter als sie ihm die Pistolen gab. O Herr sagte der gute Junge eure abreise thut euern Freunden so leid. Albert stand am Pulten, ohn sich um zu wenden sagte er zu Madame: Gieb ihm die Pistolen, sie stund auf und er sagte: ich lass ihm glückliche Reise wünschen, und sie nahm die Pistolen und putzte den Staub sorgfältig ab und zauderte und zitterte wie sie sie meinem Buben gab und das Lebe wohl blieb ihr am Gaumen kleben. Leb wohl leb wohl!
Hier hab ich die fleischfarbene Schleiffe vor mir die sie am Busen hatte als ich sie kennen lernte, die sie mir mit so viel Liebenswürdigkeit schenckte. Diese Schleife! Ach damals dacht ich nicht, dass mich der Weeg dahin führen sollte.
Ich bitte dich sey ruhig.«

Der Inhalt dieses Entwurfs findet sich jetzt im vorletzten Brief an Lotte: *Sie sind durch deine Hände gegangen ...* (146,29 ff.), im Herausgeberbericht: *Die Erscheinung von Werthers Knaben ...* (145,31 ff.), und im Abschiedsbrief an Lotte: *Diese blaßrote Schleife ...* (149,26 ff.).

Ein zweites, nur als Faksimile erhaltenes handschriftliches Blatt, das man zuerst als einen Entwurf zum Herausgeber-

vorwort der Erstfassung des Romans ansah, gehört seiner
Schreibung nach (dreimal »ß« statt »ss«) zur späteren Um-
arbeitung. Zum Vergleich sei hier das erweiterte, mahnende
Vorwort des handschriftlichen Fragments angeführt (vgl. 3):

»[...] lege euch seine Verlassenschafft hier ziemlich vollständig
vor.[1]

schöpfe nicht nur wollüstige Linderung aus seinem Leiden, laß indem
du es liessest nicht den Hang zu einer unthätigen Mismuth in dir sich
vorneh[2] sondern ermanne dich und laß dir dieses Büchlein einen trö-
stenden, warnenden Freund seyn, wenn du aus Geschick oder eigner
Schuld keinen nähern finden kanst, dem du vertrauen magst und der
seine Erfahrungen mit Klugheit und Güte auf deinem Zustande anzu-
passen und dich mit oder wider willen auf den rechten Weg zu leiten
weis.

dadurch bin ich angetrieben worden den Fustapfen des unglücklichen
emsiger nachzugehen, ich habe seine Freunde vermocht, mir manche
zurückgehaltenen Papiere mitzutheilen und daraus einige Unrichtig-
keiten der Abschreiber verbessern, und hier und da eine Lücke ausfül-
len können, und wünsche daß euch diese Bemühung angenehm seyn
möge.«

2. Varianten

Die meisten Varianten der Erstfassung des Romans gehen auf
die Drucker zurück. Der erste Druck erschien anonym 1774
zur Michaelismesse bei der Weygandschen Buchhandlung in
Leipzig. Im selben Jahr brachte derselbe Verlag noch zwei
Nachdrucke heraus, in denen elf Druckfehler berichtigt wurden. Die »zweite ächte Auflage« erschien 1775 ebenfalls bei
Weygand in Leipzig. Hier wurde der mittlere Absatz in den
Brief vom 13. 7. 71 eingefügt, und den beiden Teilen wurden
je vier Verse als Motto vorangestellt. Die Verse vor dem zweiten Teil enthalten jene Warnung, die in dem Entwurf zum
Vorwort breiter ausgeführt ist:

1 Dieses Satzbruchstück ist in der Handschrift durchgestrichen.
2 Lies: vermehren.

Die Leiden

des

jungen Werthers.

Erster Theil.

Leipzig,
in der Weygandschen Buchhandlung.
1 7 7 4.

Titel der Erstausgabe.

Die Leiden
des
jungen Werthers.

Erster Theil.

Jeder Jüngling sehnt sich so zu lieben,
Jedes Mädgen so geliebt zu seyn,
Ach, der heiligste von unsern Trieben,
Warum quillt aus ihm die grimme Pein?

Zweyte ächte Auflage.

Leipzig,
in der Weygandschen Buchhandlung.
1775.

Titel der zweiten Ausgabe von 1775 mit dem Motto.

Jeder Jüngling sehnt sich so zu lieben,
Jedes Mädchen so geliebt zu sein;
Ach, der heiligste von unsern Trieben,
Warum quillt aus ihm die grimme Pein?

Du beweinst, du liebst ihn, liebe Seele,
Rettest sein Gedächtniss von der Schmach;
Sieh, dir winkt sein Geist aus seiner Höhle:
Sei ein Mann, und folge mir nicht nach.

Von den vielen unrechtmäßigen Nachdrucken des »Werther«
müssen vor allen die des Berliner Buchhändlers Christian
Friedrich Himburg erwähnt werden. Himburg gab 1775
ohne Erlaubnis des Dichters »J. W. Goethens Schriften« heraus. Der erste Teil der »Schriften« enthielt den »Werther«,
dessen Text Himburg leicht verändert und dem Berliner
Sprachgebrauch angeglichen hatte. In den Jahren 1777 und
1779 legte Himburg die »Schriften« neu auf, und mit jeder
Neuauflage vermehrten sich die Druckfehler in seinem
Text.
Als nun Goethe 1782 in Weimar an die Umarbeitung des
Romans gehen wollte und kein Exemplar seines »Werther«
zur Hand hatte, wandte er sich an Frau von Stein, die ihm
aber nur mit einem Band der dritten Auflage von Himburgs
Nachdruck helfen konnte. So kommt es, daß der zweiten
Fassung des Romans von 1787 nicht das Original der Erstausgabe, sondern ein fehlerreicher illegaler Nachdruck zugrunde
liegt.
Goethe ließ gegen Ende 1782 den Roman abschreiben, um
hernach das Manuskript eigenhändig zu verbessern, zu
ändern und mit Zusätzen zu versehen.
Bei der Umarbeitung wurden u. a. die Mottoverse der zweiten Auflage von 1775 wieder gestrichen. Umgestellt wurden
die Briefe vom 12. 12. 72 (119 f.) und 14. 12. 72 (121 f.), die
ursprünglich unter den Daten vom 8. 12. und 17. 12. dem
Herausgeberbericht unmittelbar vorausgingen.
Geändert wurden vor allem folgende Passagen:

Wie sehr wünscht' ich ... Gegenwart gedrückt sei (112,2 bis
113,27).
Alles was ihm Unangenehmes ... Ende näher (118,30 bis
119,11).
Der Entschluß ... diesen Schritt tun (121,20–27).
Lotte war indes ... eingenommen hatte (128,21–130,24).
Die liebe Frau ... verschlucken suchte (143,5–145,30).
Hinzugefügt wurden:

im ersten Buch
   die Briefe vom: 30. 5. 71 (18–20)
                     26. 7. 71 (*Ja, liebe Lotte* ... 47,9–14)
                      8. 8. 71 (*Abends* 50,29–51,5)

im zweiten Buch vor dem Herausgeberbericht
   im Brief vom 20. 1. 72 (76–78) die Stelle *Des Abends nehme
   ich mir vor ... ist weg* (77,16–24) und die Briefe vom:
                      8. 2. 72 (78 f.)
                     16. 6. 72 (89)
                      4. 9. 72 (92–94)
                      5. 9. 72 (94 f.)
                     12. 9. 72 (95 f.)
                     27. 10. 72 (101)
                     22. 11. 72 (105)
                     26. 11. 72 (106)

im zweiten Buch im Herausgeberbericht die Stellen:
   Lottens Vater ... auffordern könnte (113,28–118,29).
   Von seiner Verworrenheit ... einrücken wollen
   (119,12–15).
   Endlich ward er ... Zeugnis abgibt (122,10–13).
   Was in dieser Zeit ... der seinigen wert seien (123,1–17).

Die Übersicht läßt erkennen, daß sich Goethe bei der Bearbeitung vor allem auf das zweite Buch, und dort wiederum
auf den Teil vom Herausgeberbericht an, konzentriert hat.
Ganz neu ist die Episode von dem Bauernburschen, die im
Brief vom 30. 5. 71 (18,30 ff.) angefangen, im Brief vom

4. 9. 72 (92,5 ff.) fortgeführt und im Herausgeberbericht
(115,4 ff.) beendet wird. Es lohnt sich, die anderen, kürzeren
Zusätze einmal hintereinander durchzulesen, weil dabei
Goethes Absicht, Werther »noch einige Stufen höher zu
schrauben«, ganz augenfällig zutage tritt.
Die umfänglicheren Änderungen im Herausgeberbericht
zielten darauf ab, »Alberten so zu stellen, daß ihn wohl der
leidenschaftliche Jüngling, aber doch der Leser nicht verkennt«. Sie brachten zugleich eine merkliche Zurückhaltung
des Herausgebers im Urteil über Werther. Der Bericht
beginnt in der ersten Fassung so (vgl. 112,2–118,16):

»Die ausführliche Geschichte der lezten merkwürdigen Tage unsers
Freundes zu liefern, seh ich mich genöthiget seine Briefe durch
Erzählung zu unterbrechen, wozu ich den Stof aus dem Munde Lottens, Albertens, seines Bedienten, und anderer Zeugen gesammelt
habe.
Werthers Leidenschaft hatte den Frieden zwischen Alberten und seiner Frau allmählig untergraben, dieser liebte sie mit der ruhigen Treue
eines rechtschafnen Manns, und der freundliche Umgang mit ihr subordinirte sich nach und nach seinen Geschäften. Zwar wollte er sich
nicht den Unterschied gestehen, der die gegenwärtige Zeit den Bräuti-
gams-Tagen so ungleich machte: doch fühlte er innerlich einen gewis-
sen Widerwillen gegen Werthers Aufmerksamkeiten für Lotten, die
ihm zugleich ein Eingriff in seine Rechte und ein stiller Vorwurf zu
seyn scheinen mußten. Dadurch ward der üble Humor vermehrt, den
ihm seine überhäuften, gehinderten, schlecht belohnten Geschäfte
manchmal gaben, und da denn Werthers Lage auch ihn zum traurigen
Gesellschafter machte, indem die Beängstigung seines Herzens, die
übrige Kräfte seines Geistes, seine Lebhaftigkeit, seinen Scharfsinn
aufgezehrt hatte; so konnte es nicht fehlen daß Lotte zulezt selbst mit
angestekt wurde, und in eine Art von Schwermuth verfiel, in der
Albert eine wachsende Leidenschaft für ihren Liebhaber, und Werther einen tiefen Verdruß über das veränderte Betragen ihres Mannes
zu entdekken glaubte. Das Mistrauen, womit die beyden Freunde
einander ansahen, machte ihnen ihre wechselseitige Gegenwart
höchst beschwerlich. Albert mied die Zimmer seiner Frau, wenn
Werther bey ihr war, und dieser, der es merkte, ergriff nach einigen
fruchtlosen Versuchen ganz von ihr zu lassen, die Gelegenheit, sie in
solchen Stunden zu sehen, da ihr Mann von seinen Geschäften gehal-

ten wurde. Daraus entstund neue Unzufriedenheit, die Gemüther verhetzten sich immer mehr gegen einander, bis zulezt Albert seiner Frau mit ziemlich trokatnen Worten sagte: sie möchte, wenigstens um der Leute willen, dem Umgange mit Werthern eine andere Wendung geben, und seine allzuöfteren Besuche abschneiden.«

Der Erstfassung nach macht sich Albert der Vernachlässigung Lottes schuldig: »[...] der freundliche Umgang mit ihr subordinirte sich nach und nach seinen Geschäften.« »Werthers Aufmerksamkeiten für Lotten« waren ihm »ein stiller Vorwurf«, »der üble Humor vermehrt« sich in Albert, bis er »mit ziemlich trokatnen Worten« von Lotte eine Änderung verlangt. – In der Zweitfassung dagegen distanziert sich der Herausgeber gleich zu Anfang seines Berichts durch die Bemerkung, daß Meinung und Urteil »über die Sinnesarten der handelnden Personen« geteilt seien. Er belastet Werther, indem er ihn »immer ungerechter« gegen Albert nennt und sagt, daß er Albert »nicht habe beurteilen können«. Albert wird durch das Wort seiner Freunde entschuldigt: »Albert, sagen sie, hatte sich in so kurzer Zeit nicht verändert«, und: »War es ihm [...] zu verdenken, wenn er [...] mit niemand [...] zu teilen Lust hatte?« – Der Herausgeber rückt also von Werther ab und wertet Albert vor dem Leser auf.
In der Zweitfassung folgt auf diese Stelle zuerst der letzte Teil der Bauernburschepisode, dann eine weitere Erklärung der Gründe, die Werther zum Selbstmord bewegten, endlich die Mitteilung von Werthers Entschluß. In der Erstfassung folgt die Mitteilung des Selbstmordentschlusses unmittelbar auf die oben wiedergegebene Stelle; die Gründe werden erst später dargelegt:

»Ohngefähr um diese Zeit hatte sich der Entschluß, diese Welt zu verlassen, in der Seele des armen Jungen näher bestimmt. Es war von je her seine Lieblingsidee gewesen, mit der er sich, besonders seit der Rükkehr zu Lotten, immer getragen.
Doch sollte es keine übereilte, keine rasche That seyn, er wollte mit der besten Ueberzeugung, mit der möglichsten ruhigen Entschlossenheit diesen Schritt thun.«

Wieder stellt die Zweitfassung ein Abrücken des Herausgebers dar. Aus »der Seele des armen Jungen« wird kühler
»Werthers Seele«. Werthers Einstellung zum Freitod wird
deutlicher im Konjunktiv wiedergegeben: »es solle keine
[...] rasche Tat sein, er wolle mit der besten Überzeugung
[...] diesen Schritt tun«. In der Zweitfassung legt der Herausgeber Wert darauf, diese Sätze klar als Bericht zu kenn-
zeichnen, identifizieren will er sich damit nicht.

Werthers »Verdruß bei der Gesandtschaft« wird in der
Zweitfassung nur im Rahmen dessen, »was ihm sonst miß-
lungen war«, aufgezählt. In der Erstfassung dagegen war
Werthers »Ehre dadurch unwiederbringlich gekränkt« und
somit dieses Erlebnis ein weitaus gewichtigerer Beweggrund
(vgl. 118,30–119,11):

»Den Verdruß, den er bey der Gesandtschaft gehabt, konnte er nicht
vergessen. Er erwähnte dessen selten, doch wenn es auch auf die
entfernteste Weise geschah, so konnte man fühlen, daß er seine Ehre
dadurch unwiederbringlich gekränkt hielte, und daß ihm dieser Vor-
fall eine Abneigung gegen alle Geschäfte und politische Wirksamkeit
gegeben hatte. Daher überließ er sich ganz der wunderbaren Emp-
find- und Denkensart, die wir aus seinen Briefen kennen, und einer
endlosen Leidenschaft, worüber noch endlich alles, was thätige Kraft
an ihm war, verlöschen mußte. Das ewige einerley eines traurigen
Umgangs mit dem liebenswürdigen und geliebten Geschöpfe, dessen
Ruhe er störte, das stürmende Abarbeiten seiner Kräfte, ohne Zwek
und Aussicht, drängten ihn endlich zu der schröklichen That.«

Größere Umformungen erfuhren auch der Anfang der
Beschreibung von Werthers letztem Besuch bei Lotte und die
Szene zwischen Lotte und Albert nach dessen Rückkehr. In
der Erstfassung berichtet der Herausgeber über Werthers
Besuch (vgl. 128,26–130,25):

»Um halb sieben gieng er nach Albertens Hause, und fand Lotten
allein, die über seinen Besuch sehr erschrokken war. Sie hatte ihrem
Manne im Diskurs gesagt, daß Werther vor Weyhnachtsabend nicht
wiederkommen würde. Er ließ bald darauf sein Pferd satteln, nahm
von ihr Abschied und sagte, er wolle zu einem Beamten in der Nach-
barschaft reiten, mit dem er Geschäfte abzuthun habe, und so machte

er sich truz der übeln Witterung fort. Lotte, die wohl wußte, daß er dieses Geschäft schon lange verschoben hatte, daß es ihn eine Nacht von Hause halten würde, verstund die Pantomime nur allzu wohl und ward herzlich betrübt darüber. Sie saß in ihrer Einsamkeit, ihr Herz ward weich, sie sah das Vergangene, fühlte all ihren Werth, und ihre Liebe zu ihrem Manne, der nun statt des versprochenen Glüks anfieng das Elend ihres Lebens zu machen. Ihre Gedanken fielen auf Werthern. Sie schalt ihn, und konnte ihn nicht hassen. Ein geheimer Zug hatte ihr ihn vom Anfange ihrer Bekanntschaft theuer gemacht, und nun, nach so viel Zeit, nach so manchen durchlebten Situationen, mußte sein Eindruk unauslöschlich in ihrem Herzen seyn. Ihr gepreßtes Herz machte sich endlich in Thränen Luft und gieng in eine stille Melancholie über, in der sie sich je länger je tiefer verlohr.
Aber sie schlug ihr Herz, als sie Werthern die Treppe herauf kommen und außen nach ihr fragen hörte. Es war zu spät, sich verläugnen zu lassen, und sie konnte sich nur halb von ihrer Verwirrung ermannen, als er ins Zimmer trat. Sie haben nicht Wort gehalten! rief sie ihm entgegen. Ich habe nichts versprochen, war seine Antwort. So hätten Sie mir wenigstens meine Bitte gewähren sollen, sagte sie, es war Bitte um unserer beyder Ruhe willen. Indem sie das sprach, hatte sie bey sich überlegt, einige ihrer Freundinnen zu sich rufen zu lassen. Sie sollten Zeugen ihrer Unterredung mit Werthern seyn, und Abends, weil er sie nach Hause führen mußte, ward sie ihn zur rechten Zeit los. Er hatte ihr einige Bücher zurük gebracht, sie fragte nach einigen andern, und suchte das Gespräch in Erwartung ihrer Freundinnen, allgemein zu erhalten, als das Mädgen zurük kam und ihr hinterbrachte, wie sie sich beyde entschuldigen ließen, die eine habe unangenehmen Verwandtenbesuch, und die andere möchte sich nicht anziehen, und in dem schmuzigen Wetter nicht gerne ausgehen.
Darüber ward sie einige Minuten nachdenkend, bis das Gefühl ihrer Unschuld sich mit einigem Stolze empörte. Sie bot Albertens Grillen Truz, und die Reinheit ihres Herzens gab ihr eine Festigkeit, daß sie nicht, wie sie anfangs vorhatte, ihr Mädgen in die Stube rief, sondern, nachdem sie einige Menuets auf dem Clavier gespielt hatte, um sich zu erholen, und die Verwirrung ihres Herzens zu stillen, sich gelassen zu Werthern auf's Canapee sezte. Haben Sie nichts zu lesen, sagte sie. Er hatte nichts.«

Der Zusammenhang zwischen Werthers vermeintlichem Ausbleiben und Alberts Reise ist hier ganz klar herausgestellt. Alberts Abschied ist für Lotte eine beleidigende »Pantomime«. Der Mann, »der nun statt des versprochenen Glüks anfieng das Elend ihres Lebens zu machen«, verletzte sie so sehr, daß »das Gefühl ihrer Unschuld sich mit einigem Stolze empörte. Sie bot Albertens Grillen Truz«. – Albert ist hier so wenig liebenswürdig dargestellt, daß er schwerlich das Wohlwollen des Lesers gewinnen kann; er ist zwar im Recht, aber nicht frei von Schuld an der mißlichen Zuspitzung im Verhältnis der Personen zueinander.

Übereinstimmend mit diesem nachteiligen Bild schildert die Erstfassung Alberts Rückkehr (vgl. 143,5–145,30):

»Die liebe Frau hatte die lezte Nacht wenig geschlafen, ihr Blut war in einer fieberhaften Empörung, und tausenderley Empfindungen zerrütteten ihr Herz. Wider ihren Willen fühlte sie tief in ihrer Brust das Feuer von Werthers Umarmungen, und zugleich stellten sich ihr die Tage ihrer unbefangenen Unschuld, des sorglosen Zutrauens auf sich selbst in doppelter Schöne dar, es ängstigten sie schon zum voraus die Blikke ihres Manns, und seine halb verdrüßlich halb spöttische Fragen, wenn er Werthers Besuch erfahren würde; sie hatte sich nie verstellt, sie hatte nie gelogen, und nun sah sie sich zum erstenmal in der unvermeidlichen Nothwendigkeit; der Widerwillen, die Verlegenheit die sie dabey empfand, machte die Schuld in ihren Augen grösser, und doch konnte sie den Urheber davon weder hassen, noch sich versprechen, ihn nie wieder zu sehn. Sie weinte bis gegen Morgen, da sie in einen matten Schlaf versank, aus dem sie sich kaum aufgeraft und angekleidet hatte, als ihr Mann zurückkam, dessen Gegenwart ihr zum erstenmal ganz unerträglich war; denn indem sie zitterte, er würde das verweinte überwachte ihrer Augen und ihrer Gestalt entdekken, ward sie noch verwirrter, bewillkommte ihn mit einer heftigen Umarmung, die mehr Bestürzung und Reue, als eine auffahrende Freude ausdrükte, und eben dadurch machte sie die Aufmerksamkeit Albertens rege, der, nachdem er einige Briefe und Pakets erbrochen, sie ganz trokken fragte, ob sonst nichts vorgefallen, ob niemand da gewesen wäre? Sie antwortete ihm stokkend, Werther seye gestern eine Stunde gekommen. – Er nimmt seine Zeit gut, versezt er, und ging nach seinem Zimmer. Lotte war eine Viertelstunde allein geblieben. Die Gegenwart des Mannes, den sie liebte und ehrte, hatte einen neuen Eindruk in ihr Herz gemacht. Sie erinnerte sich all seiner Güte, seines Edelmuths, seiner Liebe, und schalt sich, daß sie es ihm so übel gelohnt habe. Ein unbekannter Zug reizte sie ihm zu folgen, sie nahm ihre Arbeit, wie sie mehr gethan hatte, ging nach seinem Zimmer und fragte, ob er was bedürfte? er antwortete: nein! stellte sich an Pult zu schreiben, und sie sezte sich nieder zu strikken. Eine Stunde waren sie auf diese Weise neben einander, und als Albert etlichemal in der Stube auf und ab ging, und Lotte ihn anredete, er aber wenig oder nichts drauf gab und sich wieder an Pult stellte, so verfiel sie in eine Wehmuth, die ihr um desto ängstlicher ward, als sie solche zu verbergen und ihre Thränen zu verschlukken suchte.«

Neben den hier aufgezeigten inhaltlichen Änderungen brachte die Überarbeitung eine durchgehende Glättung des Sprachstils. Himburg, von dessen Text Goethe ausging, hatte bereits die vielen Verkürzungen und Apostrophierungen der originalen Erstfassung rückgängig gemacht und üblichere Schreibweisen eingeführt. Goethe ließ beides gelten. Er tilgte dazu Kraftausdrücke, vor allem das Modewort »Kerl«, und verminderte die mundartlichen Wendungen, nahm auch ausgefallene Wortstellungen zurück und verkürzte einige Perioden, so daß die neue Lesart aus den achtziger Jahren nicht mehr wie die erste wirklich die Sprachgebung des Sturm und Drang dokumentiert.

3. Paralipomena

Die Gesange Ossians hatte Goethe im Winter 1770/71 in Straßburg durch Herder kennengelernt und, noch ehe er nach Wetzlar kam, auszugsweise übersetzt; was er davon später in den »Werther« aufnahm, ist eine Neubearbeitung. Der erste Absatz aus den »Gesängen von Selma« in englischer Sprache und die erste Übersetzung mögen Einblick in Goethes Behandlung der Vorlage geben. Beide Texte sind mit dem ersten Absatz der Übersetzung Werthers im Roman (131,1–11) zu vergleichen:

The Songs of Selma

Star of descending night! fair is thy light in the west! thou that liftest thy unshorn head from thy cloud: thy steps are stately on thy hill.

What dost thou behold in the plain? The stormy winds are laid. The murmur of the torrent comes from afar. Roaring waves climb the distant rock. The flies of evening are on their feeble wings: the hum of their course is on the field. What dost thou behold, fair light? But thou dost smile and depart. The waves come with joy around thee: they bathe thy lovely hair. Farewell, thou silent beam! Let the light of Ossian's soul arise!

Die Gesänge von Selma

Stern der niedersinckenden Nacht! Schön ist dein Licht im Westen! Du hebest dein lockiges Haupt aus deiner Wolcke: ruhig wandelst du über deinen Hügel. Was siehst du nach der Ebne? Es ruhen die stürmischen Winde. Das Murmeln der Ströme kommt aus der Ferne. Brüllende Wellen klettern den entlegenen Felsen hinan. Die Fligen des Abends schweben auf ihren zarten Schwingen, das Summen ihres Zug's ist über dem Feld. Wo nach blickst du, schönes Licht? Aber du lächelst und gehst. Fahrewohl du schweigender Stral. Dass das Licht in Ossian's Seele heraufsteige.

Fünfzig Jahre nach dem Erscheinen des »Werther« veranstaltete der Leipziger Verlag eine Jubiläumsausgabe und bat Goethe, eine Vorrede dafür zu schreiben. Goethe entsprach dem Wunsch mit dem Gedicht »An Werther«. Das Gedicht steht in der Ausgabe letzter Hand (1827) unter dem Obertitel »Trilogie der Leidenschaft« vor einer früher geschriebenen »Elegie« (zit. nach: HA I, S. 380 f.).

Gedicht anstelle der Vorrede
zur Jubiläumsausgabe 1824

Noch einmal wagst du, vielbeweinter Schatten,
Hervor dich an das Tageslicht,
Begegnest mir auf neubeblümten Matten,
Und meinen Anblick scheust du nicht.
Es ist, als ob du lebtest in der Frühe,
Wo uns der Tau auf Einem Feld erquickt,
Und nach des Tages unwillkommner Mühe
Der Scheidesonne letzter Strahl entzückt;
Zum Bleiben ich, zum Scheiden du erkoren,
Gingst du voran – und hast nicht viel verloren.

Des Menschen Leben scheint ein herrlich Los:
Der Tag wie lieblich, so die Nacht wie groß!
Und wir, gepflanzt in Paradieses Wonne,
Genießen kaum der hocherlauchten Sonne,
Da kämpft sogleich verworrene Bestrebung
Bald mit uns selbst und bald mit der Umgebung;
Keins wird vom andern wünschenswert ergänzt,
Von außen düstert's, wenn es innen glänzt,
Ein glänzend Äußres deckt mein trüber Blick,
Da steht es nah – und man verkennt das Glück.

Nun glauben wir's zu kennen! Mit Gewalt
Ergreift uns Liebreiz weiblicher Gestalt:
Der Jüngling, froh wie in der Kindheit Flor,
Im Frühling tritt als Frühling selbst hervor,
Entzückt, erstaunt, wer dies ihm angetan?
Er schaut umher, die Welt gehört ihm an.
Ins Weite zieht ihn unbefangne Hast,
Nichts engt ihn ein, nicht Mauer, nicht Palast;
Wie Vögelschar an Wäldergipfeln streift,
So schwebt auch er, der um die Liebste schweift,
Er sucht vom Äther, den er gern verläßt,
Den treuen Blick, und dieser hält ihn fest.

Doch erst zu früh und dann zu spät gewarnt,
Fühlt er den Flug gehemmt, fühlt sich umgarnt,
Das Wiedersehn ist froh, das Scheiden schwer,
Das Wieder-Wiedersehn beglückt noch mehr,
Und Jahre sind im Augenblick ersetzt;
Doch tückisch harrt das Lebewohl zuletzt.

Du lächelst, Freund, gefühlvoll, wie sich ziemt:
Ein gräßlich Scheiden machte dich berühmt;
Wir feierten dein kläglich Mißgeschick,
Du ließest uns zu Wohl und Weh zurück;
Dann zog uns wieder ungewisse Bahn
Der Leidenschaften labyrinthisch an;
Und wir, verschlungen wiederholter Not,
Dem Scheiden endlich – Scheiden ist der Tod!
Wie klingt es rührend, wenn der Dichter singt,
Den Tod zu meiden, den das Scheiden bringt!
Verstrickt in solche Qualen, halbverschuldet,
Geb ihm ein Gott zu sagen, was er duldet.

Als Antwort auf Friedrich Nicolais spießerische Kritik am
»Werther« (siehe Wertheriaden, Kap. V,4) schrieb Goethe
mehrere Schmähgedichte, von denen er die derbsten unter
dem Stichwort »Invectiven« in seinen unveröffentlichten
Papieren behielt; zum Beispiel das folgende Gedicht (zit.
nach: HA I, S. 496 f.):

Nicolai auf Werthers Grabe, 1775

»Freuden des jungen Werthers«

Ein junger Mensch, ich weiß nicht wie,
Starb einst an der Hypochondrie
Und ward denn auch begraben.
Da kam ein Schöner Geist herbei,
Der hatte Seinen Stuhlgang frei,
Wie's denn so Leute haben.
Der setzt' notdürftig sich aufs Grab
Und legte da sein Häuflein ab,
Beschaute freundlich seinen Dreck,
Ging wohleratmet wieder weg
Und sprach zu sich bedächtiglich:
Der gute Mensch, wie hat er sich verdorben!
Hätt er geschissen so wie ich,
Er wäre nicht gestorben!

»Die Leiden des jungen Werther« an Nicolai 1775

Mag jener dünkelhafte Mann
Mich als gefährlich preisen:
Der Plumpe, der nicht schwimmen kann,
Er will's dem Wasser verweisen!
Was schiert mich der Berliner Bann,
Geschmäcklerpfaffenwesen!
Und wer mich nicht verstehen kann,
Der lerne besser lesen.[3]

---

3 Diese Verse hat Goethe in »Dichtung und Wahrheit«, 13. Buch, veröffentlicht
(HA IX, S. 592); er teilt dort mit, daß sie in Anlehnung an »einen alten Reim«

Stoßgebet

Vor Werthers Leiden,
Mehr noch vor seinen Freuden
Bewahr uns, lieber Herre Gott![4]

entstanden. Wie R. Boxberger und R. Hildebrand herausfanden, ist der alte
Reim Eike von Repgows Vorrede zum »Sachsenspiegel«:

> Sver mine lere nene vernemet,
> wil he min buch bescelten san,
> So tut he das ime missetzemet;
> wenne sver so svümmen nicht ne kan,
> Wil he deme wazzere wizen daz,
> so ist her unversunnen.
> Se leren das se lesen baz,
> die ez vernemen nicht ne künnen.

4 Diese Zeilen schrieb Goethe an Friedrich Heinrich Jacobi im März 1775 nach
der Lektüre von Nicolais »Freuden des jungen Werthers« (zit. nach: HA VI,
S. 530).

III. Die historisch-biographischen Grundlagen

Nachdem Goethe 1771 seine juristischen Studien in Straßburg abgeschlossen hatte, ging er zunächst nach Frankfurt, um in lockerer Zusammenarbeit mit seinem Vater eine Anwaltspraxis zu führen.

Es zeigte sich sehr bald, daß größere Berufserfahrung nützlich wäre. Daher riet ihm sein Vater, nach Wetzlar an das Reichskammergericht zu gehen, an dem schon der Großvater Johann Wolfgang Textor vor 55 Jahren und später der Vater als Praktikant tätig gewesen waren. Das Städtchen hatte um 1750 etwa 4000 Einwohner, von denen 900 durch schwarze Roben als Juristen auffielen.

Goethe verbrachte die Zeit von Mai bis September 1772 in Wetzlar. Der Kammergerichtssekretär CHRISTIAN KESTNER (1741–1800), der Goethes Freund und Charlotte Buffs Gatte werden sollte, gibt uns eine Charakteristik des damals noch unbekannten Dichters (Briefentwurf aus dem Frühjahr 1772):

»Im Frühjahr kam hier ein gewisser Goethe aus Franckfurt, seiner Handthierung nach Dr. Juris, 23 Jahr alt, einziger Sohn eines sehr reichen Vaters, um sich hier – dieß war seines Vaters Absicht – in Praxi umzusehen, der seinigen nach aber, den Homer, Pindar etc. zu studiren, und was sein Genie, seine Denkungsart und sein Herz ihm weiter für Beschäftigungen eingeben würden.

Gleich Anfangs kündigten ihn die hiesigen schönen Geister als einen ihrer Mitbrüder und als Mitarbeiter an der neuen Franckfurter Gelehrten Zeitung, beyläufig auch als Philosophen im Publico an, und gaben sich Mühe mit ihm in Verbindung zu stehen. [...] Einer der vornehmsten unserer schönen Geister, Legationssecretär Gotter, beredete mich einst nach Garbenheim, einem Dorf, gewöhnlichem Spaziergang, mit ihm zu gehen. Daselbst fand ich ihn im Grase unter einem Baume auf dem Rücken liegen, indem er sich mit einigen

Umstehenden, einem Epicuräischen Philosophen (v. Goué, großes Genie), einem stoischen Philosophen (v. Kielmansegge) und einem Mitteldinge von beyden (Dr. König) unterhielt [...]. [...]
Er hat sehr viel Talente, ist ein wahres Genie, und ein Mensch von Charakter; besitzt eine außerordentlich lebhafte Einbildungskraft, daher er sich meistens in Bildern und Gleichnissen ausdrückt. [...]
Er ist in allen seinen Affecten heftig, hat jedoch oft viel Gewalt über sich. Seine Denkungsart ist edel; von Vorurtheilen so viel frey, handelt er, wie es ihm einfällt, ohne sich darum zu bekümmern, ob es Andern gefällt, ob es Mode ist, ob es die Lebensart erlaubt. Aller Zwang ist ihm verhaßt.
Er liebt die Kinder und kann sich mit ihnen sehr beschäftigen.
Er ist bizarre und hat in seinem Betragen, seinem Aeußerlichen verschiedenes, das ihn unangenehm machen könnte. Aber bey Kindern, bey Frauenzimmern und vielen Andern ist er doch wohl angeschrieben. [...]
Er hat schon viel gethan und viele Kenntnisse, viel Lectüre; aber doch noch mehr gedacht und raisonnirt. Aus den schönen Wissenschaften und Künsten hat er sein Hauptwerck gemacht, oder vielmehr aus allen Wissenschaften, nur nicht den sogenannten Brodwissenschaften.«

Kestner. S. 35–38.

Die Ähnlichkeit dieses Charakterbildes mit der Darstellung Werthers ist kaum zu übersehen. – KARL WILHELM JERUSALEM (1747–72), der das Vorbild zu Werther im zweiten Teil des Romans gab und der Goethe schon aus den Leipziger Studienjahren kannte, urteilte weniger vorteilhaft:

An Johann Joachim Eschenburg, vom 18. Juli 1772:

»Jetzt ist unser kleiner Leipziger Consul Born [...] hier. [...] Bei ihm ist sein Freund Göden. Er war zu unserer Zeit in Leipzig und ein Geck, jetzt ist er noch ausserdem Frankfurter Zeitungs-Schreiber.«

Gräf I. S. 598,32 f.

Ansicht von Wetzlar.
Kolorierter Aquatintastich um 1815 von Fr. Chr. Reiner-
mann.

Goethe im Jahr 1773.
Kupferstich von Gottfried Saiter nach einem Gemälde von
J. D. Bager in der Staatsbibliothek Wien.

Die Frau des Deutschordens-Amtmannes Heinrich Adam Buff war im März 1771 gestorben und hatte zwölf Kinder hinterlassen. Lotte, die zweitälteste der Töchter, führte jetzt anstelle der Mutter den Haushalt und sorgte für die Geschwister. Goethe lernte Charlotte Buff anläßlich eines Balles in Volpertshausen am 9. Juni 1772 kennen. Von da an verband ihn eine enge Freundschaft mit dem tüchtigen Mädchen, dessen Geschwistern und dem Bräutigam CHRISTIAN KESTNER, der die fünfzehnjährige Lotte in ihrem Familienkreis beschrieb:

An seinen früheren Hauslehrer, Ende 1767 oder Anfang 1768:

»Zwey Töchter sind erwachsen, von 18 und 16 Jahren. Diese, so wie alle Kinder, sind ihrer Mutter würdig. Alle blondes Haar und blaue Augen; eines hübscher wie das andere; nach den Kleinen könnte ein Maler Liebesgötter zeichnen. Die älteste ist ziemlich regelmäßig schön, still, ruhig, von sanftem Charackter etc. etc. Die zweyte muß jener, wenn man sie nach Regeln beurtheilen will, weichen, ist aber nichts desto weniger reitzender und einnehmender. Sie hat ein fühlendes, weiches Herz. So wie überhaupt ihr (und aller Geschwister) Bau des Körpers zärtlich ist, so ist ihre Seele auch. Mitleidig gegen alle Unglücklichen, gefällig und bereit jedermann zu dienen, versöhnlich, gerührt wenn sie glaubt jemand beleidigt zu haben, gutthätig, freundlich und höflich; freudig wenn jemanden etwas gutes begegnet, gar nicht neidisch (wie unter jungen, auch alten Frauenzimmern sonst gewöhnlich ist). Dabey eine aufgeweckte, lebhafte Seele, geschwinde Begriffe, Gegenwart des Geistes, froh und immer vergnügt; und dieses nicht für sich allein, nein, alles was um sie ist, macht sie vergnügt, durch Gespräche, durch lustige Einfälle, durch eine gewisse Laune oder Humor.«

Kestner. S. 289 f.

Charlotte Kestner, geborene Buff.
Lithographie von Giere nach dem Pastellbild von J. Heinrich
Schröder, 1782.

Später lobte KESTNER die natürliche Autorität der Neunzehn-
jährigen:

An August von Hennings, vom 18. November 1772:

»An sie wandte sich alles, auf ihr Wort geschah alles, und
jedes folgte ihrer Anordnung, ja ihrem Wink; und was das
vornehmste war, es schien als wenn die Weisheit ihrer Mutter
ihr zum Erbtheil geworden wäre. Bis diese Stunde hat sich
solches erhalten; Sie ist die Stütze der Familie, die Liebe,
die Achtung derer, die dazu gehören, und das Augenmerk
derer, welche dahin kommen. – Ich sage ihnen, es ist ein
halbes Wunderwerk, ohngeachtet weder sie selbst, noch die
Familie, es merkt, und jedes meynt es müßte so seyn.«

Ebd. S. 76

GOETHE erinnert sich 1812/13 des Sommers in Wetzlar. Über
Lotte schreibt er in »Dichtung und Wahrheit« III,12:

»Nach dem Tode ihrer Mutter hatte sie sich als Haupt einer
zahlreichen jüngeren Familie höchst tätig erwiesen und den
Vater in seinem Witwerstand allein aufrecht erhalten, so daß
ein künftiger Gatte von ihr das gleiche für sich und seine
Nachkommenschaft hoffen und ein entschiedenes häusliches
Glück erwarten konnte. Ein jeder gestand, auch ohne diese
Lebenszwecke eigennützig für sich im Auge zu haben, daß sie
ein wünschenswertes Frauenzimmer sei. Sie gehörte zu
denen, die, wenn sie nicht heftige Leidenschaften einflößen,
doch ein allgemeines Gefallen zu erregen geschaffen sind.
Eine leicht aufgebaute, nett gebildete Gestalt, eine reine
gesunde Natur und die daraus entspringende frohe Lebens-
tätigkeit, eine unbefangene Behandlung des täglich Notwen-
digen, das alles war ihr zusammen gegeben. [. . .]
Lotte – denn so wird sie denn doch wohl heißen – war
anspruchslos in doppeltem Sinne: erst ihrer Natur nach, die
mehr auf ein allgemeines Wohlwollen als auf besondere Neigungen gerichtet war, und dann hatte sie sich ja für einen
Mann bestimmt, der, ihrer wert, sein Schicksal an das ihrige

fürs Leben zu knüpfen sich bereit erklären mochte. Die heiterste Luft wehte in ihrer Umgebung.«

Goethes Werke. Hamburger Ausgabe in 14 Bänden. Hrsg. von Erich Trunz. Bd. 9. Textkrit. durchges. von Lieselotte Blumenthal, komm. von E. T. 9., neubearb. Aufl. München: C. H. Beck, 1981. S. 542 f. [Im folgenden zit. als: HA.]

Über Christian Kestner lesen wir:

»Unter den jungen Männern, welche, der Gesandtschaft zugegeben, sich zu ihrem künftigen Dienstlauf vorüben sollten, fand sich einer, den wir kurz und gut den Bräutigam zu nennen pflegten. Er zeichnete sich aus durch ein ruhiges gleiches Betragen, Klarheit der Ansichten, Bestimmtheit im Handeln und Reden. Seine heitere Tätigkeit, sein anhaltender Fleiß empfahl ihn dergestalt den Vorgesetzten, daß man ihm eine baldige Anstellung versprach. Hiedurch berechtigt, unternahm er, sich mit einem Frauenzimmer zu verloben, das seiner Gemütsart und seinen Wünschen völlig zusagte. [...] Der Bräutigam, bei seiner durchaus rechtlichen und zutraulichen Sinnesart, machte jeden, den er schätzte, bald mit ihr bekannt, und sah gern, weil er den größten Teil des Tages den Geschäften eifrig oblag, wenn seine Verlobte, nach vollbrachten häuslichen Bemühungen, sich sonst unterhielt und sich gesellig auf Spaziergängen und Landpartien mit Freunden und Freundinnen ergetzte.«

HA IX. S. 542 f.

Ein schärferes Bild von dem »Bräutigam« und seinem Lebensstil geben KESTNERS eigene Briefe:

An v. Hennings, vom 2. November 1768:

»Mein Gesandter ist, von allen die hier sind, der arbeitsamste und unermüdetste, doch habe ich ihm, bis jetzt wenigstens, Genüge geleistet. Die schönsten Augenblicke opfere ich der Arbeit oft auf. Der Gedanke an meine Geliebte versüßet sie mir. Mein Verlangen zu ihr zu eilen, verdoppelt meine Kräfte, und beschleunigt die Vollendung der Arbeit.«

Kestner. S. 291.

An v. Hennings, vom 25. August 1770:

»Meine Geschäfte expediere ich so geschwind, wie möglich,
und erzwinge mir einige Muße. Ich gehe spät zu Bette, und
stehe früh wieder auf. In solcher Muße ziehe ich meine Wissenschaften hervor, Arbeiten die meine Seele befriedigen. Die
anderen Uebel korrigire ich dadurch, daß ich mich in das
politische Interesse nicht vertiefe. [...] – Für den Mangel an
Geschmack und Empfindung, der hier herrscht, werde ich
durch ein einziges schadlos gehalten. Dieses habe ich Ihnen
schon längst geschrieben. Es ist die Familie meiner Charlotte.
Daher hole ich mir meine Geduld, meine Standhaftigkeit,
meine Ermunterung, mein Vergnügen. So oft ich vom Tische
komme, um halb 2 oder 2 Uhr, ist mein Gang dahin gerichtet
– da bleibe ich bis 3 Uhr – und kann durch diese Stunde
ausruhn, die schwerste Arbeit ertragen. Abends, wenn die
Arbeit erlaubt, gehe ich um 9 Uhr wieder dahin bis 11 Uhr.
Diese Stunden sind der Liebe, der Freundschaft und dem
vertraulichen Gespräch gewidmet. Die Unschuld und
Tugend setzt die Gränzen. – Die würdigste, die sanfteste und
tugendhafteste Mutter hat ihre Kinder allezeit unter Augen,
und diese entziehen sich ihr nie. – Meine Charlotte bildet sich
täglich mehr aus. Sie können denken, daß dieses einem Mädchen von 18 Jahren einen Reiz giebt, welcher weit mehr
bezaubert, als wenn sie die größte Schönheit wäre . . . . . .
[...] Vielleicht wollen Sie wissen, wie weit unsere Verbindung gekommen. Sie ist wie sie war. Wir lieben uns. Wir
haben uns eins für das andere auf immer bestimmt, aber ohne,
daß eine sonst gewöhnliche Versprechung vorgegangen. Ich
wünschte herzlich, daß wir uns bald noch näher verbinden
könnten; aber ich muß zuvor eines genügenden Unterhaltes
sicher seyn.«

Ebd. S. 296–301.

Das enge Freundschaftsverhältnis zwischen Goethe, Lotte
und Kestner wurde einerseits durch Kestners Großzügigkeit
ermöglicht, andererseits durch die rein verehrende Neigung
Goethes. Er schreibt darüber an Kestner und Lotte kurz nach

Blick in den Deutschordenshof, im Vordergrund die Amt-
mannswohnung (Lottehaus).
Zeichnung von Carl Stuhl, um 1850. Städtisches Museum
Wetzlar.

deren Vermählung (eingegangen: Wetzlar, den 16. April 1773):

»Dass ihr erkennet und schauet. Wie ich mich an Lotten atta-
chirte und das war ich wie ihr wisst von Herzen, redete Born
mit mir davon, *wie man spricht.* ›Wenn ich K. wäre, mir
gefiels nicht. Worauf kann das hinausgehn? Du spannst sie
ihm wohl gar ab?‹ und dergleichen. Da sagt ich ihm, Mit
diesen Worten in seiner Stube, es war des Morgens: ›Ich binn
nun der Narr das Mädchen für was besonders zu halten,
betrügt sie mich, und wäre so wie ordinair, und hätte den K.
zum Fond ihrer Handlung um desto sicherer mit ihren Reizen
zu wuchern, der erste Augenblick der mir das entdeckte, der
erste der sie mir näher brächte, wäre der letzte unserer
Bekanntschafft‹, und das beteuert ich und schwur.«

Ebd. S. 160.

Vierzig Jahre später erinnert sich GOETHE in »Dichtung und
Wahrheit« III, 12:

»Der neue Ankömmling, völlig frei von allen Banden, sorglos
in der Gegenwart eines Mädchens, das, schon versagt, den
gefälligsten Dienst nicht als Bewerbung auslegen und sich
desto eher daran erfreuen konnte, ließ sich ruhig gehen, war
aber bald dergestalt eingesponnen und gefesselt, und zugleich
von dem jungen Paare so zutraulich und freundlich behandelt, daß er sich selbst nicht mehr kannte. Müßig und träume-
risch, weil ihm keine Gegenwart genügte, fand er das, was
ihm abging, in einer Freundin, die, indem sie fürs ganze Jahr
lebte, nur für den Augenblick zu leben schien. Sie mochte ihn
gern zu ihrem Begleiter; er konnte bald ihre Nähe nicht mis-
sen, denn sie vermittelte ihm die Alltagswelt, und so waren
sie, bei einer ausgedehnten Wirtschaft, auf dem Acker und
den Wiesen, auf dem Krautland wie im Garten, bald unzer-
trennliche Gefährten. Erlaubten es dem Bräutigam seine
Geschäfte, so war er an seinem Teil dabei; sie hatten sich alle
drei an einander gewöhnt, ohne es zu wollen, und wußten
nicht, wie sie dazu kamen, sich nicht entbehren zu können

So lebten sie, den herrlichen Sommer hin, eine echt deutsche
Idylle, wozu das fruchtbare Land die Prosa, und eine reine
Neigung die Poesie hergab.«

HA IX. S. 543 f.

Ganz überraschend und ohne erklärten Abschied reiste
Goethe am 11. September 1772 aus Wetzlar ab, nachdem er
am vorhergehenden Abend wie Werther im Brief vom
10. 9. 71 (S. 67 f.) mit seinen Freunden ein Gespräch über die
Möglichkeit eines Wiedersehens nach dem Tode geführt
hatte. In dem brieflichen Abschied an Lotte heißt es (vgl. das
Faksimile dieser Zeilen S. 94):

»Wohl hoff ich wiederzukommen, aber Gott weis wann.
Lotte wie war mirs bey deinem reden ums Herz, da ich wuss-
te es ist das letztemal dass ich Sie sehe. Nicht das letztemal,
und doch geh ich morgen fort. Fort ist er. Welcher Geist
brachte euch auf den Diskurs. Da ich alles sagen durfte was
ich fühlte, ach mir wars um Hienieden zu thun, um ihre Hand
die ich zum letztenmal küsste. Das Zimmer in das ich nicht
wiederkehren werde, und der liebe Vater der mich zum letztenmal begleitete. Ich binn nun allein, und darf weinen, ich
lasse euch glücklich, und gehe nicht aus euren Herzen. Und
sehe euch wieder, aber nicht morgen ist nimmer. Sagen Sie
meinen Buben er ist fort. Ich mag nicht weiter.«

Kestner. S. 45.

In »Dichtung und Wahrheit« III,12 erklärt GOETHE den
schnellen Aufbruch folgenderweise:

»Auch dieses Verhältnis war durch Gewohnheit und Nach-
sicht leidenschaftlicher als billig von meiner Seite geworden;
sie dagegen und ihr Bräutigam hielten sich mit Heiterkeit in
einem Maße, das nicht schöner und liebenswürdiger sein
konnte, und die eben hieraus entspringende Sicherheit ließ
mich jede Gefahr vergessen. Indessen konnte ich mir nicht
verbergen, daß diesem Abenteuer sein Ende bevorstehe: denn
von der zunächst erwarteten Beförderung des jungen Mannes

Durchzeichnung (stark verkleinert) von Goethes Abschieds-
brief an Lotte Buff.

hing die Verbindung mit dem liebenswürdigen Mädchen ab; und da der Mensch, wenn er einigermaßen resolut ist, auch das Notwendige selbst zu wollen übernimmt, so faßte ich den Entschluß, mich freiwillig zu entfernen, ehe ich durch das Unerträgliche vertrieben würde.«

HA IX. S. 555 f.

Goethe wanderte der Lahn entlang nach Koblenz, um sich dort bei der Familie von La Roche mit seinem Darmstädter Freund Johann Heinrich Merck (1741–91) zu treffen, wie es kurz vorher bei einem Besuch Mercks in Wetzlar verabredet worden war. Die älteste Tochter des Geheimrats von La Roche, die damals sechzehnjährige Maximiliane (1756–93), gefiel Goethe. Er stellte fest (»Dichtung und Wahrheit« III, 13):

»Es ist eine sehr angenehme Empfindung, wenn sich eine neue Leidenschaft in uns zu regen anfängt, ehe die alte noch ganz verklungen ist. So sieht man bei untergehender Sonne gern auf der entgegengesetzten Seite den Mond aufgehn und erfreut sich an dem Doppelglanze der beiden Himmelslichter.«

HA IX. S. 561 f.

Die Züge Maximilianes mischen sich mit denen Charlotte Buffs zum Bilde Lottes im Roman. Maximiliane war liebenswürdig, heißt es in »Dichtung und Wahrheit« III, 13:

»[...] eher klein als groß von Gestalt, niedlich gebaut; eine reie anmutige Bildung, die schwärzesten Augen und eine Gesichtsfarbe, die nicht reiner und blühender gedacht werden konnte.«

HA IX. S. 560.

Kaum zwei Jahre nach dieser Begegnung kam Maximiliane als zweite Frau des über 20 Jahre älteren Kaufmannes Peter Anton Brentano (1735–97) nach Frankfurt. Der jungen Frau aus der kunstsinnigen und schöngeistigen Familie fiel die

Anpassung an die neuen Lebensumstände schwer, zumal
damit die Sorge für Brentanos fünf Kinder verbunden war.
GOETHE schreibt:

»Mein früheres Verhältnis zur jungen Frau, eigentlich ein
geschwisterliches, ward nach der Heirat fortgesetzt; meine
Jahre sagten den ihrigen zu, ich war der einzige in dem ganzen
Kreise, an dem sie noch einen Widerklang jener geistigen
Töne vernahm, an die sie von Jugend auf gewöhnt war.«

HA IX. S. 586.

Indessen, Brentano war nicht Kestner; er ließ keinen Zweifel
daran, daß ihm Goethes Besuche unerwünscht seien. Die
brüske Zurückweisung durch Brentano, die Goethe in
»Dichtung und Wahrheit« taktvoll übergeht, versetzte ihn in
die Lage, das Schicksal des jungen Jerusalem bei der Abfas-
sung des »Werther« um so lebhafter nachzuempfinden.
Karl Wilhelm Jerusalem war als Sohn des Abts Jerusalem am
21. März 1747 in Wolfenbüttel geboren worden. Er besuchte
1760 in Braunschweig das Carolinum, ein Mittelding zwischen Schule und Universität. Zur selben Zeit wie Goethe
(1765) nahm er in Leipzig das Studium der Rechte auf, das er
zwei Jahre später in Göttingen fortsetzte und am 31. Mai 1770
mit dem Examen abschloß. Am 15. Juni wurde er in Wolfenbüttel als Assessor in sein Amt an der Justizkanzlei eingeführt.
Als August Friedrich von Goué (1743–89) seines Sekretär-
postens in Wetzlar enthoben wurde, trat Jerusalem im September 1771 seine Nachfolge an.
Bei der gemeinsamen Mittagstafel unterhielten sich die Angehörigen des Kammergerichts, indem sie die Rollen alter Ritter
annahmen. Bei diesem Spiel war Goethes Name Götz, der
Redliche; Jerusalem nannte man Masuren. Goué dramati-
sierte später das Schicksal seines Nachfolgers unter dem Titel
»Masuren, oder der junge Werther, ein Trauerspiel aus dem
Illyrischen« (1775).
Jerusalem beschäftigte sich mit Malerei, Dichtung und Phi

losophie. Seine besten Bekannten in Wetzlar waren Nieper und Kielmannsegg. Letzterem gegenüber verteidigte er im Gespräch den Selbstmord.

Jerusalem hatte Schwierigkeiten mit seinem Vorgesetzten, dem braunschweigischen Gesandten von Höfler; er liebte unerwidert Elisabeth Herd, die Gattin des Pfalz-Lauternschen Gesandtschaftssekretärs, und erschoß sich in der Nacht vom 29. zum 30. Oktober 1772. Er starb mittags und wurde abends beerdigt.

GOETHE schrieb über ihn (»Dichtung und Wahrheit« III,12):

»Auch er war bei einer Gesandtschaft angestellt: seine Gestalt gefällig, mittlerer Größe, wohlgebaut; ein mehr rundes als längliches Gesicht; weiche ruhige Züge und was sonst noch einem hübschen blonden Jüngling zukommen mag; blaue Augen sodann, mehr anziehend als sprechend zu nennen. Seine Kleidung war die unter den Niederdeutschen, in Nachahmung der Engländer, hergebrachte: blauer Frack, ledergelbe Weste und Unterkleider, und Stiefel mit braunen Stolpen. Der Verfasser hat ihn nie besucht, auch nicht bei sich gesehen; manchmal traf er ihn bei Freunden. Die Äußerungen des jungen Mannes waren mäßig, aber wohlwollend. Er nahm an den verschiedensten Produktionen teil; besonders liebte er solche Zeichnungen und Skizzen, in welchen man einsamen Gegenden ihren stillen Charakter abgewonnen hatte. Er teilte bei solchen Gelegenheiten Geßnersche Radierungen mit, und munterte die Liebhaber auf, darnach zu studieren. An allem jenen Ritterwesen und Mummenspiel nahm er wenig oder keinen Anteil, lebte sich und seinen Gesinnungen. Man sprach von einer entschiedenen Leidenschaft zu der Gattin eines Freundes. Öffentlich sah man sie nie miteinander. Überhaupt wußte man wenig von ihm zu sagen, außer daß er sich mit der englischen Literatur beschäftigte. Als der Sohn eines wohlhabenden Mannes brauchte er sich weder ängstlich Geschäften zu widmen, noch um baldige Anstellung dringend zu bewerben.«

HA IX. S. 544 f.

Als Goethe von Jerusalems Selbstmord erfuhr, war er sehr
betroffen. Bei einem Besuch vom 6. bis 10. November 1772 in
Wetzlar erhielt er »die genauste und umständlichste Beschreibung des Vorgangs«. Zusätzlich bat er Kestner um einen aus-
führlichen Bericht über Jerusalems Ende. KESTNER schrieb:

»Jerusalem ist die ganze Zeit seines hiesigen Aufenthalts miß-
vergnügt gewesen, es sey nun überhaupt wegen der Stelle die
er hier bekleidete, und daß ihm gleich Anfangs (bey Graf
Bassenheim) der Zutritt in den großen Gesellschaften auf eine
unangenehme Art versagt worden, oder insbesondere wegen
des Braunschweigischen Gesandten, mit dem er bald nach
seiner Ankunft kundbar heftige Streitigkeiten hatte, die ihm
Verweise vom Hofe zuzogen und noch weitere verdrießliche
Folgen für ihn gehabt haben. Er wünschte längst, und arbeitete daran, von hier wieder wegzukommen; sein hiesiger Aufenthalt war ihm verhaßt [...]. [...]
Neben dieser Unzufriedenheit war er auch in des pfältz.
Sekret. H ... Frau verliebt. Ich glaube nicht, daß diese zu
dergleichen Galanterien aufgelegt ist, mithin, da der Mann
noch dazu sehr eifersüchtig war, mußte diese Liebe vollends
seiner Zufriedenheit und Ruhe den Stoß geben.
Er entzog sich allezeit der menschlichen Gesellschaft und der
übrigen Zeitvertreiben und Zerstreuungen, liebte einsame
Spaziergänge im Mondenscheine, gieng oft viele Meilen weit
und hieng da seinem Verdruß und seiner Liebe ohne Hoffnung nach. [...] Er hatte sich einst Nachts in einem Walde
verirrt, fand endlich noch Bauern, die ihn zurechtwiesen, und
kam um 2 Uhr zu Haus.
Dabey behielt er seinen ganzen Kummer bey sich, und entdeckte solchen, oder vielmehr die Ursachen davon, nicht einmahl seinen Freunden. Selbst dem Kielmansegge hat er nie
etwas von der H .... gesagt, wovon ich aber zuverläßig
unterrichtet bin.
Er las viel Romane, und hat selbst gesagt, daß kaum ein
Roman seyn würde, den er nicht gelesen hätte. Die fürchter-
lichsten Trauerspiele waren ihm die liebsten. Er las ferner

philosophische Schriftsteller mit großem Eyfer und grübelte darüber. Er hat auch verschiedene philosophische Aufsätze gemacht, die Kielmansegge gelesen und sehr von anderen Meinungen abweichend gefunden hat; unter andern auch einen besondern Aufsatz, worin er den Selbstmord vertheidigte. Oft beklagte er sich gegen Kielmansegge über die engen Gränzen, welche dem menschlichen Verstande gesetzt wären, wenigstens dem Seinigen; er konnte äußerst betrübt werden, wenn er davon sprach, was er wißen möchte, was er nicht ergründen könne etc. [...] Mendelsohns Phädon war seine liebste Lectüre; in der Materie vom Selbstmorde war er aber immer mit ihm unzufrieden; wobey zu bemerken ist, daß er denselben auch bey der Gewißheit von der Unsterblichkeit der Seele, die er glaubte, erlaubt hielt. Leibnitzen's Werke las er mit großem Fleiße.

Als letzthin das Gerücht vom Goué sich verbreitete,[1] glaubte er diesen zwar nicht zum Selbstmorde fähig, stritt aber in Thesi eifrig für diesen, wie mir Kielmansegge, und viele, die um ihn gewesen, versichert haben. [...] Nachmittags (Dienstag) ist er bey Sekr. H... gewesen. Bis Abends 8 Uhr spielen sie Tarok zusammen. Annchen Brandt war auch da; Jerusalem begleitet diese nach Haus. Im Gehen schlägt Jerusalem oft unmuthsvoll vor die Stirn und sagt wiederholt: Wer doch erst todt, – wer doch erst im Himmel wäre! – Annchen spaßt darüber; er bedingt sich bey ihr im Himmel einen Platz, und beim Abschiednehmen sagt er: Nun es bleibt dabey, ich bekomme bey Ihnen im Himmel einen Platz.

Am Mittewochen, da im Kronprinz groß Fest war und jeder jemanden zu Gaste hatte, gieng er, ob er gleich sonst zu Haus aß, zu Tisch und brachte den Secr. H... mit sich. Er hat sich da nicht anders als sonst, vielmehr muntrer betragen. Nach dem Essen nimmt ihn Secret. H... mit nach Haus zu seiner Frau. Sie trinken Kaffee. Jerusalem sagt zu der H...: Liebe Frau Secretairin, dieß ist der letzte Kaffee, den ich mit Ihnen trinke. – Sie hält es für Spaß und antwortet in diesem Tone.

[1] Von Goués vermeintlichem Selbstmord; vgl. Kap. IV,1.

Diesen Nachmittag (Mittwochs) ist Jerusalem allein bei
H ... s gewesen, was da vorgefallen, weiß man nicht; vielleicht liegt hierin der Grund zum folgenden.[2] [...]
Man will geheime Nachrichten aus dem Munde des Secret.
H ... haben, daß am Mittewochen vor Jerusalems Tode, da
dieser beym H ... und seiner Frau zum Kaffee war, der Mann
zum Gesandten gehen müssen. Nachdem der Mann wieder
kömmt, bemerckt er an seiner Frau eine ausserordentliche
Ernsthaftigkeit und bey Jerusalem eine Stille, welche beyde
ihm sonderbar und bedencklich geschienen, zumal da er sie
nach seiner Zurückkunft so sehr verändert findet. – Jerusalem
geht weg. Secret. H ... macht über obiges seine Betrachtungen; er faßt Argwohn, ob etwa in seiner Abwesenheit etwas
ihm nachtheiliges vorgegangen sein möchte, denn er ist sehr
argwöhnisch und eyfersüchtig. Er stellt sich jedoch ruhig und
lustig; und will seine Frau auf die Probe stellen. Er sagt:
Jerusalem habe ihn doch oft zum Essen gehabt, was sie
meynte, ob sie Jerusalem nicht auch einmal zum Essen bey
sich haben wollten? – Sie, die Frau, antwortet: Nein; und sie
müßten den Umgang mit Jerusalem ganz abbrechen; er finge
an sich so zu betragen, daß sie seinen Umgang ganz vermeiden müßte. Und sie hielte sich verbunden, ihm, dem Manne,
zu erzählen, was in seiner Abwesenheit vorgegangen sey.
Jerusalem habe sich vor ihr auf die Knie geworfen und ihr eine
förmliche Liebeserklärung thun wollen. Sie sey natürlicher
Weise darüber aufgebracht worden und hätte ihm viele Vor-
würfe gemacht etc. etc. Sie verlange nun, daß ihr Mann ihm,
dem Jerusalem, das Haus verbieten solle, denn sie könne und
wolle nichts weiter von ihm hören noch sehen.
Donnerstags Morgens schickt Secret. H ... an Jerusalem ein
Billet. Die Magd will keine Antwort abwarten und geht. Jerusalem hat sich eben rasiren lassen. Um 11 Uhr schickt Jerusalem wiederum ein Billet an Secret. H ..., dieser nimmt es dem
Bedienten nicht ab, und sagt, er brauche keine Antwort, er
könne sich in keine Correspondenz einlassen, und sie sähen

2 Der folgende Absatz entstammt einem Nachtrag zu dem Bericht.

sich ja alle Tage auf der Dictatur. Als der Bediente das Billet
unerbrochen wieder zurückbringt, wirft es Jerusalem auf den
Tisch und sagt: es ist auch gut. [. . .] Schickt um 1 Uhr ein
Billet an mich und zugleich an seinen Gesandten, worin er
diesen ersucht, ihm auf diesen (oder künftigen) Monat sein
Geld zu schicken. Der Bediente kommt zu mir. Ich bin nicht
zu Hause. [. . .]. [. . .] es mogte ½ 4 Uhr seyn, als ich das Billet
bekam:
›Dürfte ich Ew. Wohlgeb. wohl zu einer vorhabenden Reise
um ihre Pistolen gehorsamst ersuchen?   J.‹[3]
Da ich nun von alle dem vorher erzählten und von seinen
Grundsätzen nichts wußte, indem ich nie besondern Umgang
mit ihm gehabt – so hatte ich nicht den mindesten Anstand
ihm die Pistolen sogleich zu schicken. [. . .]
Den ganzen Nachmittag war Jerusalem für sich allein
beschäftiget, kramte in seinen Papieren, schrieb, ging, wie die
Leute unten im Hause gehört, oft im Zimmer heftig auf und
nieder. Er ist auch verschiedene Male ausgegangen, hat seine
kleinen Schulden, und wo er nicht auf Rechnung ausgenom-
men, bezahlt [. . .]. [. . .]
Der Bediente ist zu Jerusalem gekommen, um ihm die Stiefel
auszuziehen. Dieser hat aber gesagt, er gienge noch aus; wie
er auch wirklich gethan hat, vor das Silberthor auf die Starke
Weide, und sonst auf die Gasse, wo er bey Verschiedenen,
den Hut tief in die Augen gedrückt, vorbey gerauscht ist, mit
schnellen Schritten, ohne jemand anzusehen. Man hat ihn
auch um diese Zeit eine ganze Weile an dem Fluß stehen
sehen, in einer Stellung, als wenn er sich hineinstürzen wolle
(so sagt man).
Vor 9 Uhr kommt er zu Haus, sagt dem Bedienten, es müsse
im Ofen noch etwas nachgelegt werden, weil er so bald nicht
zu Bett ginge, auch solle er auf Morgen früh 6 Uhr alles
zurecht machen, läßt sich auch noch einen Schoppen Wein

---

3 Vgl. die Durchzeichnung S. 102; die senkrechte Linie markiert einen Riß
   durch das Papier. Das Original nahm Goethe bei seinem Besuch vom 6. bis
   11. November in Wetzlar an sich; heute liegt es in Weimar.

Durchzeichnung (stark verkleinert) von Jerusalems Bitte um Kestners Pistolen.
Die Linie markiert einen Riß durch das Blatt.

geben. Der Bediente, um recht früh bey der Hand zu seyn, da
sein Herr immer sehr accurat gewesen, legt sich mit den Klei-
dern ins Bette.

Da nun Jerusalem allein war, scheint er alles zu der schrecklichen Handlung vorbereitet zu haben. Er hat seine Briefschaf-
ten alle zerrissen und unter den Schreibtisch geworfen, wie
ich selbst gesehen. Er hat zwey Briefe, einen an seine Verwandte, den Andern an H ... geschrieben; man meint auch
einen an den Gesandten Höffler, den dieser vielleicht unter-
drückt. Sie haben auf dem Schreibtisch gelegen. Erster, den
der Medicus andern Morgens gesehen, hat überhaupt nur
folgendes enthalten, wie Dr. Held, der ihn gelesen, mir erzählt:

Lieber Vater, liebe Mutter, liebe Schwestern und Schwager,
verzeihen Sie Ihrem unglücklichen Sohn und Bruder; Gott,
Gott, segne euch!

In dem zweyten hat er H ... um Verzeihung gebeten, daß er
die Ruhe und das Glück seiner Ehe gestört, und unter diesem
theuren Paar Uneinigkeit gestiftet etc. Anfangs sey seine Neigung gegen seine Frau nur Tugend gewesen etc. In der Ewigkeit aber hoffe er ihr einen Kuß geben zu dürfen etc. Er soll
drey Blätter groß gewesen seyn, und sich damit geschlossen
haben: ›Um 1 Uhr. In jenem Leben sehen wir uns wieder.‹
(Vermuthlich hat er sich sogleich erschossen, da er diesen
Brief geendigt.)

Diesen ungefähren Inhalt habe ich von jemand, dem der
Gesandte Höffler ihn im Vertrauen gesagt, welcher daraus
auf einen würklich strafbaren Umgang mit der Frau schliessen will. Allein bey H ... war nicht viel erforderlich, um
seine Ruhe zu stören und eine Uneinigkeit zu bewürken. Der
Gesandte, deucht mich, sucht auch die Aufmerksamkeit ganz
von sich, auf diese Liebesbegebenheit zu lenken, da der
Verdruß von ihm wohl zugleich Jerusalem determinirt hat;
zumal da der Gesandte verschiedentlich auf die Abberu-
fung des Jerusalem angetragen, und ihm noch kürzlich starke
reprochen vom Hofe verursacht haben soll. Hingegen hat
der Erbprinz von Braunschweig, der ihm gewogen gewe-

sen, vor Kurzem geschrieben, daß er sich hier noch ein wenig
gedulden mögte, und wenn er Geld bedürfe, es ihm nur
schreiben sollte, ohne sich an seinen Vater, den Herzog, zu
wenden.

Nach diesen Vorbereitungen, etwa gegen 1 Uhr, hat er sich
denn über das rechte Auge hinein durch den Kopf geschos-
sen. Man findet die Kugel nirgends. Niemand im Hause hat
den Schuß gehört; sondern der Franciskaner Pater Guardian,
der auch den Blick vom Pulver gesehen, weil es aber stille
geworden, nicht darauf geachtet hat. Der Bediente hatte die
vorige Nacht wenig geschlafen und hat sein Zimmer weit
hinten hinaus, wie auch die Leute im Haus, welche unten
hinten hinaus schlafen.

Es scheint sitzend im Lehnstuhl vor seinem Schreibtisch
geschehen zu seyn. Der Stuhl hinten im Sitz war blutig, auch
die Armlehnen. Darauf ist er vom Stuhle heruntergesunken,
auf der Erde war noch viel Blut. Er muß sich auf der Erde in
seinem Blute gewälzt haben; erst beym Stuhle war eine große
Stelle von Blut; die Weste vorn ist auch blutig; er scheint auf
dem Gesichte gelegen zu haben; dann ist er weiter, um den
Stuhl herum, nach dem Fenster hin gekommen, wo wieder
viel Blut gestanden, und er auf dem Rücken entkräftet gelegen
hat. (Er war in völliger Kleidung, gestiefelt, im blauen Rock
mit gelber Weste.)

Morgens vor 6 Uhr geht der Bediente zu seinem Herrn ins
Zimmer, ihn zu wecken; das Licht war ausgebrannt, es war
dunkel, er sieht Jerusalem auf der Erde liegen, bemerkt etwas Nasses, und meynt, er möge sich übergeben haben;
wird aber die Pistole auf der Erde, und darauf Blut gewahr,
ruft: Mein Gott, Herr Assessor, was haben Sie angefangen;
schüttelt ihn, er giebt keine Antwort, und röchelt nur noch.
Er läuft zu Medicis und Wundärzten. Sie kommen, es war
aber keine Rettung. Dr. Held erzählt mir, als er zu ihm
gekommen, habe er auf der Erde gelegen, der Puls noch ge-
schlagen; doch ohne Hülfe. Die Glieder alle wie gelähmt,
weil das Gehirn lädirt, auch herausgetreten gewesen; Zum
Ueberflusse habe er ihm eine Ader am Arm geöffnet, wobey

er ihm den schlaffen Arm halten müssen, das Blut wäre doch noch gelaufen. Er habe nichts als Athem geholt, weil das Blut in der Lunge noch circulirt, und diese daher noch in Bewegung gewesen.

Das Gerücht von dieser Begebenheit verbreitete sich schnell; die ganze Stadt war in Schrecken und Aufruhr. Ich hörte es erst um 9 Uhr, meine Pistolen fielen mir ein, und ich weiß nicht, daß ich kurzens so sehr erschrocken bin. Ich zog mich an und gieng hin. Er war auf das Bette gelegt, die Stirne bedeckt, sein Gesicht schon wie eines Todten, er rührte kein Glied mehr, nur die Lunge war noch in Bewegung, und röchelte fürchterlich, bald schwach, bald stärker, man erwartete sein Ende.

Von dem Wein hatte er nur ein Glas getrunken. Hin und wieder lagen Bücher und von seinen eignen schriftlichen Aufsätzen. Emilia Galotti lag auf einem Pult am Fenster aufgeschlagen; daneben ein Manuscript ohngefähr Fingerdick in Quart, philosophischen Inhalts, der erste Theil oder Brief war überschrieben: *Von der Freyheit*[4], es war darin von der moralischen Freyheit die Rede. Ich blätterte zwar darin, um zu sehen, ob der Inhalt auf seine letzte Handlung einen Bezug habe, fand es aber nicht; ich war aber so bewegt und consternirt, daß ich mich nichts daraus besinne, noch die Scene, welche von der Emilia Galotti aufgeschlagen war, weiß, ohngeachtet ich mit Fleiß darnach sah.

Gegen 12 Uhr starb er. Abends ¾ 11 Uhr ward er auf dem gewöhnlichen Kirchhof begraben, (ohne daß er seciret ist, weil man von dem Reichs-Marschall-Amte Eingriffe in die gesandtschaftlichen Rechte fürchtete) in der Stille mit 12 Lanternen und einigen Begleitern; Barbiergesellen haben ihn getragen; das Kreutz ward voraus getragen; kein Geistlicher hat ihn begleitet.

Es ist ganz ausserordentlich, was diese Begebenheit für einen Eindruck auf alle Gemüther gemacht. Leute, die ihn kaum

4 Jerusalems Aufsatz »Von der Freiheit« wurde am 25. Dezember 1772 in den »Frankfurter Gelehrten Anzeigen« rezensiert. Die flüchtige, abwertende Rezension wurde früher Goethe zugeschrieben.

einmahl gesehen, können sich noch nicht beruhigen; viele
können seitdem noch nicht wieder ruhig schlafen; besonders
Frauenzimmer nehmen großen Antheil an seinem Schicksal;
er war gefällig gegen das Frauenzimmer, und seine Gestalt
mag gefallen haben etc.
Wetzlar d. 2. Nov. 1772.[5]«

Kestner. S. 86–99.

GOTTHOLD EPHRAIM LESSING (1729–81), der nicht wollte,
daß Jerusalem durch Goethes Roman als Schwärmer und
Wirrkopf verrufen würde, gab 1776 fünf »Philosophische
Aufsätze von Karl Wilhelm Jerusalem« heraus und charakte-
risierte seinen jungen Freund im Vorwort als klaren, sach-
lichen Denker:

»Der Verfasser dieser Aufsätze war der einzige Sohn des würdigen Mannes, den alle, welchen die Religion eine Angelegen-
heit ist, so verehren und lieben. Seine Laufbahn war kurz;
sein Lauf schnell. Doch *lange* leben, ist nicht *viel* leben. Und
wenn viel denken allein, viel leben ist: so war seiner Jahre nur
für uns zu wenig. [. . .]
Der junge Mann, als er hier in Wolfenbüttel sein bürgerliches
Leben antrat, schenkte mir seine Freundschaft. Ich genoß sie
nicht viel über Jahr und Tag; aber gleichwohl wüßte ich nicht,
daß ich einen Menschen in Jahr und Tag lieber gewonnen
hätte, als ihn. Und dazu lernte ich ihn eigentlich nur von
Einer Seite kennen.
Allerdings zwar war das gleich diejenige Seite, von der sich,
meines Bedünkens, so viel auf alle übrige schliessen läßt. Es
war die Neigung, das Talent, mit der sich alle gute Neigungen
so wohl vertragen, welches kein einziges Talent ausschließt;
nur daß man bey ihm so viele andere Talente lieber nicht
haben mag, und wenn man sie hat, vernachlässiget.
Es war die Neigung zu deutlicher Erkenntniß; das Talent, die
Wahrheit bis in ihre letzte Schlupfwinkel zu verfolgen. Es

5 Wenn das angegebene Datum stimmt, entstand der Bericht vor Goethes
  Besuch am 6. November und vor der Bitte um »die Nachricht von Jerusalems
  Todte« vom 21. November.

war der Geist der kalten Betrachtung. Aber ein warmer Geist,
und so viel schätzbarer.«

Karl Wilhelm Jerusalem: Philosophische Aufsätze
(1776). Mit G. E. Lessings Vorrede und Zusätzen.
Neu hrsg. von Paul Beer. Berlin: B. Behr, 1900.
S. 3.

Zum Abschluß der historisch-biographischen Dokumentation muß noch gesagt werden, daß Goethe während der
Umarbeitung des »Werther« in Weimar zu Frau von Stein in
einem ähnlichen Verhältnis wie seinerzeit zu Charlotte Buff
in Wetzlar stand. Die fraulicheren, reiferen Züge Lottes in
der Zweitfassung gehen auf diese Freundschaft zurück.

IV. Dokumente zur Entstehungsgeschichte

1. Die Entstehung der Erstfassung

Die Datierung

Ein Mädchen wie Lotte und ein empfindsames junges Genie waren in den siebziger Jahren des 18. Jahrhunderts taugliche Figuren für eine Dichtung. Das sah GOETHE sehr bald. Schon 1772 ruft er im Anschluß an eine Rezension in den »Frankfurter Gelehrten Anzeigen« (8, 1772, S. 96) nach einer solchen Verbindung:

»Laß, o Genius unsers Vaterlands bald einen Jüngling aufblühen, der voller Jugendkraft und Munterkeit, zuerst für seinen Kreis der beste Gesellschafter wäre, das artigste Spiel angäbe, das freudigste Liedchen sänge, im Rundgesange den Chor belebte, dem die beste Tänzerinn freudig die Hand reichte, den neusten mannigfaltigsten Reihen vorzutanzen, den zu fangen die Schöne, die Witzige, die Muntre alle ihre Reitze ausstellten, dessen empfindendes Herz sich auch wohl fangen liesse, sich aber stolz im Augenblicke wieder losriß, wenn er aus dem dichtenden Traum erwachend fände, daß seine Göttin nur schön, nur witzig, nur munter sey [...]. [...] Aber dann, o Genius! daß offenbar werde, nicht Fläche, Weichheit des Herzens sey an seiner Unbestimmtheit schuld; laß ihn ein Mädchen finden, seiner werth!
Wenn ihn heiligere Gefühle aus dem Geschwirre der Gesellschaft in die Einsamkeit leiten, laß ihn auf seiner Wallfahrt ein Mädchen entdecken, deren Seele ganz Güte, zugleich mit einer Gestalt ganz Anmuth, sich in stillem Familienkreis häuslicher thätiger Liebe glücklich entfaltet hat. Die Liebling, Freundinn, Beystand ihrer Mutter, die zweyte Mutter ihres Hauses ist, deren stets liebwürkende Seele jedes Herz unwiderstehlich an sich reißt, zu der Dichter und Weise willig in die Schule giengen, mit Entzücken schauten eingeborne Tugend, mitgebornen Wohlstand und Grazie. – Ja, wenn sie

in Stunden einsamer Ruhe fühlt, daß ihr bey all dem Liebeverbreiten noch etwas fehlt, ein Herz, das jung und warm wie sie, mit ihr nach fernern verhülltern Seligkeiten dieser Welt ahndete, in dessen belebender Gesellschaft, sie nach all den goldnen Aussichten von ewigem Beysammenseyn, daurender Vereinigung, unsterblich webender Liebe fest angeschlossen hinstrebte.

Laß die Beyden sich finden [. . .]. [. . .] Doch obs solche Mädchen giebt? obs solche Jünglinge geben kann?«

> Zit nach: Der junge Goethe. Neu bearb. Ausgabe in 5 Bänden. Hrsg. von Hanna Fischer-Lamberg. Bd. 2. Berlin: de Gruyter, 1963. S. 274 f.

Jerusalems Tod brachte das wichtige tragische Element zu Goethes bisheriger Erfahrung des zu verarbeitenden Stoffes. Die gründlichen Nachforschungen darüber lassen darauf schließen, daß GOETHE in den ersten Novembertagen 1772 den Plan zum »Werther« faßte. Er schrieb an Kestner:

»Der unglückliche Jerusalem. Die Nachricht war mir schröcklich und unerwartet, es war grässlich zum angenehmsten Geschenck der Liebe diese Nachricht zur Beylage. [. . .] Der arme iunge! wenn ich zurückkam vom Spaziergang und er mir begegnete hinaus im Mondschein, sagt ich er ist verliebt. [. . .] Gott weis die Einsamkeit hat sein Herz untergraben.«

> Kestner. S. 65.

Am 6. November 1772 beglcitete Goethe seinen späteren Schwager Johann Georg Schlosser (1739–99) auf einer Geschäftsreise nach Wetzlar. Er erfragte dort Einzelheiten über den nur eine Woche zuvor geschehenen Selbstmord Jerusalems und bat Kestner am 21. November:

»[. . .] schicken Sie mir doch die Nachricht von Jerusalems Todte.«

> Ebd. S. 83.

Und nach Erhalt des in Kap. III wiedergegebenen Berichts:

»Ich dank euch lieber Kestner für die Nachricht von des armen Jerusalems Todt, sie hat uns herzlich interessirt. Ihr sollt sie wieder haben wenn sie abgeschrieben ist.«

Ebd. S. 102.

Und am 20. Januar 1773:

»Da habt ihr euren Jerusalem.«

Ebd. S. 129.

Es dauerte aber noch ein Jahr, ehe der Plan der Dichtung zur Ausführung reifte. Vielleicht war das peinliche Erlebnis im Hause Brentanos der letzte Anstoß dazu. Gewiß war es nicht die Nachricht von Jerusalems Tod, wie Goethe in »Dichtung und Wahrheit« schreibt, weil diese über ein Jahr vor Goethes Wiedersehen mit Maximiliane in Frankfurt und der Niederschrift des Romans lag. – Für die Zwischenzeit haben wir nur einige Bemerkungen aus dem Briefwechsel mit Kestner, von denen man nicht genau weiß, ob man sie auf die Entstehung des »Werther« beziehen soll. GOETHE schreibt unter anderem:

»[...] wenn Ihr Euch einfallen [lasst] eifersüchtig zu werden, so halt' ich mir's aus Euch mit den treffendsten Zügen auf die Bühne zu bringen, und Juden und Christen sollen über Euch lachen.«

Gräf I. S. 497.

»Heute Nacht hat mirs von Lotten wunderlich geträumt. [...] Und so träume ich denn und gängle durchs Leben, führe garstige Prozesse schreibe Dramata, und Romanen und dergleichen.«[1]

Kestner. S. 169 f.

---

1 »Prozesse« bezieht sich auf Goethes Anwaltspraxis, »Dramata« auf den »Götz«.

»Ich binn recht fleissig und wenns Glück gut ist kriegt ihr bald wieder was, auf eine andre Manier². [...] Heut vorm Jahr wars doch anders, ich wollt schwören in dieser Stunde vorm Jahr sass ich bey Lotten. Ich bearbeite meine Situation zum Schauspiel zum Truz Gottes und der Menschen. Ich weis was Lotte sagen wird wenn sies zu sehn kriegt und ich weis was ich ihr antworten werde.«

Ebd. S. 173 f.

»[...] ich hab euch auch immer bey mir wenn ich was schreibe. Jezt arbeit ich einen Roman, es geht aber langsam. [...] Noch ein Wort im Vertrauen als Schriftsteller, meine Ideale wachsen täglich aus an Schönheit und Grösse, und wenn mich meine Lebhafftigkeit nicht verlässt, und meine Liebe, so solls noch viel geben für meine Lieben, und das Publikum nimmt auch sein Teil.«

Ebd. S. 182.

Wenn man diese Briefstellen auf die Arbeit am »Werther« bezieht, scheint es anfangs nicht klar gewesen zu sein, ob die Dichtung dramatische oder epische Form haben sollte. Eine solche Frage wäre nicht verwunderlich. Schließlich war der »Götz von Berlichingen«, den Goethe eben herausgebracht hatte, ein sehr beachtlicher Erfolg geworden, der es dem Verfasser hätte nahelegen können, sich in derselben Gattung gleich noch einmal zu versuchen.³

Die erste Niederschrift des Romans fiel in die Zeit Februar/ März 1774. GOETHE schrieb Mitte Februar an Sophie von La Roche:

»Das liebe Weibchen [Maximiliane] hat Ihnen was von einer Arbeit geschrieben, die ich angefangen habe, seit Sie weg sind, wirklich angefangen, denn ich hatte nie die Idee aus dem

---

2 D. h. anders als »Götz«.
3 Willy Krogmann (Hrsg.), »Claudine von Villa Bella, Goethes erste Lottedichtung«, Berlin 1937, Einl. S. VIII ff., bezieht diese Briefstellen auf das Singspiel.

Sujet ein einzelnes Ganze zu machen. Sie sollen's haben,
sobald's fertig ist.«

Gräf I. S. 498.

Dieser Stelle entsprechend heißt es im Brief an Frau von La
Roche Anfang Mai:

»[. . .] sagen Sie mir doch ein Wort vom Herzen. Sie werden
sehn, wie Sie meinem Rad Schwung geben, wenn Sie meinen
›Werther‹ lesen; den fing ich an, als Sie weg waren, den
andern Tag, und an einem fort! fertig ist er.«

Ebd. S. 503.

Diese beiden Briefe ermöglichen eine genaue Datierung der
Niederschrift, denn man weiß, daß Frau von La Roche am 15.
Januar mit ihrer jungvermählten Tochter Maximiliane nach
Frankfurt kam und am 31. wieder abreiste.
Über die Umstände seiner Arbeit in diesen Tagen schreibt
GOETHE in »Dichtung und Wahrheit« III,13:

»Ich hatte mich äußerlich völlig isoliert, ja die Besuche meiner
Freunde verbeten, und so legte ich auch innerlich alles bei-
seite, was nicht unmittelbar hierher gehörte. Dagegen faßte
ich alles zusammen, was einigen Bezug auf meinen Vorsatz
hatte, und wiederholte mir mein nächstes Leben, von dessen
Inhalt ich noch keinen dichterischen Gebrauch gemacht
hatte. Unter solchen Umständen, nach so langen und vielen
geheimen Vorbereitungen, schrieb ich den ›Werther‹ in vier
Wochen, ohne daß ein Schema des Ganzen, oder die Behandlung eines Teils irgend vorher wäre zu Papier gebracht gewesen.«

HA IX. S. 587.

Die hier beschriebene Arbeitsweise erklärt, warum es so
wenig Dokumente zur Entstehungsgeschichte der Erstfassung des »Werther« gibt. Goethe trug den Stoff mit sich selbst
herum und entlud sich dessen in kurzer konzentrierter
Arbeit. Er wollte nicht darüber sprechen, nicht bevor das

Werk Gestalt angenommen hatte. Das bestätigt auch Freund MERCK in einem Brief vom 14. Februar 1774 an seine Frau. Da heißt es über Goethe:

»Il se détache de tous ses amis, et n'existe que dans les compositions, qu'il prépare pour le public.«

Gräf I. S. 499.

In den Briefen an Kestner ergeht sich GOETHE inzwischen weiterhin in Andeutungen:

»Wie offt ich bey euch binn, heisst das in Zeiten der Vergangenheit, werdet ihr vielleicht ehestens ein Document zu Gesichte kriegen.«

Kestner. S. 203.

Und an Lotte:

»[...] du bist diese ganze Zeit, vielleicht mehr als jemals *in, cum et sub* (lass dir das von deinem gnädigen Herrn erklären)[4] mit mir gewesen. Ich lasse es dir ehestens drucken – Es wird gut meine Beste. Denn ist mirs nicht wohl wenn ich an euch dencke?«

Ebd. S. 202.

Das Selbstmordproblem

Obgleich GOETHE entgegen seiner sonstigen Gewohnheit während der Arbeit am »Werther« kaum über den Gegenstand sprach oder korrespondierte, wissen wir doch, wie sehr ihn Jerusalems Schicksal damals betroffen hat. Jerusalem hatte vollzogen, was Goethe seinerzeit selbst ernsthaft erwogen hatte. Die Briefe an Kestner enthalten eine Reihe von Anspielungen, die durchblicken lassen, wie vertraut Goethe mit dem Gedanken an den Freitod war:

---

4 Die lateinischen Präpositionen spielen auf das Abendmahl an. Dem lutherischen Bekenntnis nach wird »in et sub pane et vino«, in und unter dem Brot und Wein, Leib und Blut Christi genossen. Die Konkordienformel von 1577 lautet: »cum dicimus, sub pane, cum pane, in pane adesse et exhiberi corpus Christi.«

»Schreiben sie mir doch gleich wie sich die Nachrichten von
Goué konfirmiren.[5] Ich ehre auch solche That, und bejam-
mere die Menschheit und lass alle -kerle von Philistern
Tobacksrauchs Betrachtungen drüber machen, und sagen:
Da habt ihr's. Ich hoffe nie meinen Freunden mit einer sol
chen Nachricht beschweerlich zu werden.«

Kestner. S. 60.

»Gewiß Kestner, es war Zeit dass ich gieng. Gestern Abend
hatt ich rechte hängerliche und hängenswerthe Gedanken auf
dem Canapee – –«

Ebd. S. 69 f.

»Gestern fiel mir ein an Lotten zu schreiben. Ich dachte aber,
alle ihre Antwort ist doch nur, wir wollens so gut seyn lassen,
und erschiessen mag ich mich vor der Hand noch nicht.«

Ebd. S. 102 f.

»Lieber Kestner, der du hast lebens in deinem Arm ein Füll-
horn, lasse dir Gott dich freuen. Meine arme Existenz starrt
zum öden Fels. Diesen Sommer geht alles. Merck mit dem
Hofe nach Berlin, sein Weib in die Schweiz, meine Schwester, die Flachsland, ihr, alles. Und ich binn allein. Wenn ich
kein Weib nehme oder mich erhänge, so sagt ich habe das
Leben recht lieb, oder was, daß mir mehr Ehre macht, wenn
ihr wollt.«

Ebd. S. 162.

Als im November 1812 der Stiefsohn Karl Friedrich Zelters
Selbstmord begangen hatte und Zelter GOETHE um »ein hei-
lendes Wort« bat, schrieb dieser seinem Freund:

»Wenn das *taedium vitae* den Menschen ergreift, so ist er nur
zu bedauern, nicht zu schelten. Dass alle Symptome dieser
wunderlichen, so natürlichen als unnatürlichen Krankheit

---

5 Kurz vor Jerusalems Selbstmord ging das Gerücht um, August Friedrich von
   Goué, der in Wetzlar wegen Vernachlässigung seines Dienstes entlassen worden war, habe sich getötet.

auch einmal mein Innerstes durchrast haben, daran lässt ›Werther‹ wohl niemand zweifeln. Ich weiss recht gut, was es mich für Entschlüsse und Anstrengungen kostete, damals den Wellen des Todes zu entkommen.«

Gräf I. S. 603.

Mit dem überlegenen Wissen des Alters führt GOETHE in »Dichtung und Wahrheit« III,13 zum Stichwort *taedium vitae* aus:

»Jener Ekel vor dem Leben hat seine physischen und seine sittlichen Ursachen, jene wollen wir dem Arzt, diese dem Moralisten zu erforschen überlassen, und, bei einer so oft durchgearbeiteten Materie, nur den Hauptpunkt beachten, wo sich jene Erscheinung am deutlichsten ausspricht. Alles Behagen am Leben ist auf eine regelmäßige Wiederkehr der äußeren Dinge gegründet. Der Wechsel von Tag und Nacht, der Jahreszeiten, der Blüten und Früchte, und was uns sonst von Epoche zu Epoche entgegentritt, damit wir es genießen können und sollen, diese sind die eigentlichen Triebfedern des irdischen Lebens. Je offener wir für diese Genüsse sind, desto glücklicher fühlen wir uns; wälzt sich aber die Verschiedenheit dieser Erscheinungen vor uns auf und nieder, ohne daß wir daran teilnehmen, sind wir gegen so holde Anerbietungen unempfänglich: dann tritt das größte Übel, die schwerste Krankheit ein, man betrachtet das Leben als eine ekelhafte Last.«

HA IX. S. 578.

Und im Hinblick auf seine eigene, nicht Werthers Erfahrung:

»Nichts aber veranlaßt mehr diesen Überdruß, als die Wiederkehr der Liebe. Die erste Liebe, sagt man mit Recht, sei die einzige: denn in der zweiten und durch die zweite geht schon der höchste Sinn der Liebe verloren. Der Begriff des Ewigen und Unendlichen, der sie eigentlich hebt und trägt, ist zerstört, sie erscheint vergänglich wie alles Wiederkehrende.«

HA IX. S. 578 f.

Goethes Warnung im Entwurf zum Vorwort des ›Herausgebers‹, »laß [...] nicht den Hang zu einer unthätigen Mismuth in dir sich vermehren, sondern ermanne dich« (vgl. Kap. II,1), war, auch wenn sie aus kompositorischen Gründen zurückgenommen wurde, durchaus ernst gemeint; Goethe fand (»Dichtung und Wahrheit« III,13):

»Es ist etwas so Unnatürliches, daß der Mensch sich von sich selbst losreiße, sich nicht allein beschädige, sondern vernichte, daß er meistenteils zu mechanischen Mitteln greift, um seinen Vorsatz ins Werk zu richten. [...]
Wenn ich nun alle diese Mittel überlegte, und mich sonst in der Geschichte weiter umsah, so fand ich unter allen denen, die sich selbst entleibt, keinen, der diese Tat mit solcher Großheit und Freiheit des Geistes verrichtet, als Kaiser Otho. Dieser, zwar als Feldherr im Nachteil, aber doch keineswegs aufs Äußerste gebracht, entschließt sich, zum Besten des Reichs, das ihm gewissermaßen schon angehörte, und zur Schonung so vieler Tausende, die Welt zu verlassen. Er begehrt mit seinen Freunden ein heiteres Nachtmahl, und man findet am anderen Morgen, daß er sich einen scharfen Dolch mit eigner Hand in das Herz gestoßen. Diese einzige Tat schien mir nachahmungswürdig, und ich überzeugte mich, daß, wer nicht hierin handeln könne wie Otho, sich nicht erlauben dürfe, freiwillig aus der Welt zu gehn. [...] Da dieses [mir] aber niemals gelingen wollte, so lachte ich mich zuletzt selbst aus, warf alle hypochondrische Fratzen hinweg, und beschloß zu leben. Um dies aber mit Heiterkeit tun zu können, mußte ich eine dichterische Aufgabe zur Ausführung bringen, wo alles, was ich über diesen wichtigen Punkt empfunden, gedacht und gewähnt, zur Sprache kommen sollte.«

HA IX. S. 584 f.

Die Briefform

Es ist nur sinnvoll und begründbar, daß sich Goethe entschieden hat, den »Werther« als Briefroman abzufassen. Alles wies in diese Richtung: der Gegenstand, die literarische Mode, die

Bekanntschaft mit Frau von La Roche und nicht zuletzt eine persönliche Veranlagung des Dichters.

Was man »empfunden, gedacht und gewähnt« hat mitzuteilen, war das große Verlangen der Empfindsamkeit. Am unbefangensten konnte man diesem Bedürfnis in Tagebüchern und in Briefen an Freunde nachgehen. Die Mitte des 18. Jahrhunderts war eine schreibselige Zeit, welche die allgemeine Briefkultur auf eine literarische Ebene hob. Der englische Drucker Samuel Richardson (1689–1761) hatte zuerst daran gedacht, eine Briefschule zu schreiben.[6] Statt einer stilistischen Beispielsammlung verfaßte er dann aber drei dicke Romane in Briefen: »Pamela, or Virtue Rewarded« (1740), »Clarissa Harlowe« (1747/48) und »Sir Charles Grandison« (1753). Rousseaus berühmte »Nouvelle Héloïse« (1759) wurde schon erwähnt. Nachfolger auf dem Gebiet des Briefromans in Deutschland waren Knigge, Miller, Heinse, Jacobi, Lenz, waren Gellert mit »Das Leben der schwedischen Gräfin von G***« (1747/48), Musäus mit »Grandison der Zweite« (1760–62), Hermes mit »Sophiens Reise von Memel nach Sachsen« (1769–73) und Frau von La Roche, deren Roman »Geschichte des Fräuleins von Sternheim« Wieland, mit Vorwort und Anmerkungen versehen, 1771 herausgab und den Goethe oder Merck in einer Rezension der »Frankfurter Gelehrten Anzeigen« von 1772 noch vorbehaltloser lobte als Wieland.

Frau von La Roche glänzte in jungem Autorenruhm, als GOETHE im September 1772 von Wetzlar zu ihr nach Koblenz pilgerte. Dort war er nicht lange der einzige Gast im Hause (»Dichtung und Wahrheit« III,13):

»Zu dem Kongreß, der hier teils im artistischen, teils im empfindsamen Sinne gehalten werden sollte, war auch Leuchsenring beschieden, der von Düsseldorf heraufkam. Dieser Mann, von schönen Kenntnissen in der neuern Literatur, hatte sich, [...] da er angenehm und einschmeichelnd war,

6 Vgl. Gellerts Briefsteller: »Briefe, nebst einer Praktischen Abhandlung von dem guten Geschmacke in Briefen« (1751).

viele Gunst erworben. Er führte mehrere Schatullen bei sich, welche den vertrauten Briefwechsel mit mehreren Freunden enthielten: denn es war überhaupt eine so allgemeine Offenherzigkeit unter den Menschen, daß man mit keinem einzelnen sprechen, oder an ihn schreiben konnte, ohne es zugleich als an mehrere gerichtet zu betrachten. Man spähte sein eigen Herz aus und das Herz der andern, und bei der Gleichgültigkeit der Regierungen gegen eine solche Mitteilung, bei der durchgreifenden Schnelligkeit der Taxisschen Posten, der Sicherheit des Siegels, dem leidlichen Porto griff dieser sittliche und literarische Verkehr bald weiter um sich.

Solche Korrespondenzen, besonders mit bedeutenden Personen, wurden sorgfältig gesammelt und alsdann, bei freundschaftlichen Zusammenkünften, auszugsweise vorgelesen; und so ward man, da politische Diskurse wenig Interesse hatten, mit den Briefen der moralischen Welt ziemlich bekannt.

Leuchsenrings Schatullen enthielten in diesem Sinne manche Schätze. [...] Ich wohnte diesen Vorlesungen gerne bei [...].«

HA IX. S. 557 f.

Es ist vielleicht kein Zufall, daß Goethe unmittelbar nach der Abreise Frau von La Roches aus Frankfurt mit der Niederschrift seines Romans begann. – Für die Wahl der Briefform gibt es aber noch andere Gründe. Der Dialog im Briefwechsel schien Goethe der dramatischen Darstellungsart, die er damals bevorzugte, verwandt (»Dichtung und Wahrheit« III,13); und der Übergang von der einen zur anderen Form ...

»[...] geschah hauptsächlich durch eine Eigenheit des Verfassers, die sogar das Selbstgespräch zum Zwiegespräch umbildete.

Gewöhnt, am liebsten seine Zeit in Gesellschaft zuzubringen, verwandelte er auch das einsame Denken zur geselligen Unterhaltung, und zwar auf folgende Weise. Er pflegte nämlich, wenn er sich allein sah, irgend eine Person seiner

Bekanntschaft im Geiste zu sich zu rufen. Er bat sie nieder zu sitzen, ging an ihr auf und ab, blieb vor ihr stehen, und verhandelte mit ihr den Gegenstand, der ihm eben im Sinne lag. Hierauf antwortete sie gelegentlich, oder gab durch die gewöhnliche Mimik ihr Zu- oder Abstimmen zu erkennen; wie denn jeder Mensch hierin etwas Eignes hat. Sodann fuhr der Sprechende fort, dasjenige, was dem Gaste zu gefallen schien, weiter auszuführen oder, was derselbe mißbilligte, zu bedingen, näher zu bestimmen, und gab auch wohl zuletzt seine These gefällig auf. Das Wunderlichste war dabei, daß er niemals Personen seiner näheren Bekanntschaft wählte, sondern solche, die er nur selten sah, ja mehrere, die weit in der Welt entfernt lebten, und mit denen er nur in einem vorübergehenden Verhältnis gestanden; aber es waren meist Personen, die, mehr empfänglicher als ausgebender Natur, mit reinem Sinne einen ruhigen Anteil an Dingen zu nehmen bereit sind, die in ihrem Gesichtskreise liegen, ob er sich gleich manchmal zu diesen dialektischen Übungen widersprechende Geister herbeirief. [...]
Wie nahe ein solches Gespräch im Geiste mit dem Briefwechsel verwandt sei, ist klar genug, nur daß man hier ein hergebrachtes Vertrauen erwidert sieht, und dort ein neues, immer wechselndes, unerwidertes sich selbst zu schaffen weiß.«

HA IX. S. 576 f.

Gewichtiger als alles Vorangehende für die Entscheidung, Werthers Schicksal in Briefen darzustellen, war aber die innere Folgerichtigkeit. Der Gegenstand selbst verlangte gerade diese Form. Goethe erklärt (»Dichtung und Wahrheit« III,13):

»[...] jeder Unmut ist eine Geburt, ein Zögling der Einsamkeit; wer sich ihm ergibt, flieht allen Widerspruch, und was widerspricht ihm mehr als jede heitere Gesellschaft? Der Lebensgenuß anderer ist ihm ein peinlicher Vorwurf, und so wird er durch das, was ihn aus sich selbst herauslocken sollte, in sein Innerstes zurückgewiesen. Mag er sich allenfalls dar-

über äußern, so wird es durch Briefe geschehn: denn einem
schriftlichen Erguß, er sei fröhlich oder verdrießlich, setzt
sich doch niemand unmittelbar entgegen; eine mit Gegen-
gründen verfaßte Antwort aber gibt dem Einsamen Gelegenheit, sich in seinen Grillen zu befestigen, einen Anlaß, sich
noch mehr zu verstocken. Jene in diesem Sinne geschriebenen
Wertherischen Briefe haben nun wohl deshalb einen so man-
nigfaltigen Reiz, weil ihr verschiedener Inhalt erst in solchen
ideellen Dialogen mit mehreren Individuen durchgesprochen
worden, sie sodann aber, in der Komposition selbst, nur an
einen Freund und Teilnehmer gerichtet erscheinen.«

HA IX. S. 577 f.

2. Die Umarbeitung

Kestner, dem die Ähnlichkeiten zu den Wetzlarer Verhältnissen in dem Roman zu deutlich waren und dem auch sonst
bestimmte Einzelheiten mißfielen, hatte sofort nach der Lektüre versucht, Goethe zu Änderungen zu bewegen. Sein dies-
bezüglicher Briefentwurf vom September oder Oktober 1774
ist in Kap. V, 1 als Zeugnis der Wirkungsgeschichte wiedergegeben. In der Antwort auf den Brief versprach GOETHE, wohl
mehr aus freundschaftlichen als aus künstlerischen Erwägun-
gen, zu ändern:

»[...] binnen hier und einem Jahr versprech ich euch auf die
lieblichste, einzigste, innigste Weise alles was noch übrig seyn
mögte von Verdacht, Missdeutung etc. im schwäzzenden
Publikum, obgleich das eine Heerd Schwein ist, auszulö-
schen, wie ein reiner Nordwind, Nebel und Dufft.«

Kestner. S. 233.

Bei dem außerordentlichen Erfolg des Buches war das allerdings nicht so einfach. Wie empfindlich ein Publikum auf
Änderungen, und seien es Verbesserungen, an seinen Lieb-
lingsgeschichten reagieren kann, erfuhr Werther beim Mär-

chenerzählen (im Brief vom 15. 8. 71, S. 59). GOETHE war kein Freund des falschen Eifers; er wartete, bis seine Zeit gekommen war. Am 19. Juni 1782 bat er Frau von Stein:

»[. . .] schicke mir meine gedruckten Schriften, ich habe einen wunderlichen Einfall und will sehn, ob ich ihn ausführe.«

Gräf I. S. 543.

Aus einem Brief vom 21. November an den Prinzenerzieher Karl Ludwig von Knebel entnimmt man, was es mit dem »wunderlichen Einfall« auf sich hat; GOETHE berichtet:

»Meinen ›Werther‹ hab' ich durchgegangen und lasse ihn wieder in's Manuscript schreiben; er kehrt in seiner Mutter Leib zurück, Du sollst ihn nach seiner Wiedergeburt sehen. Da ich sehr gesammelt bin, so fühle ich mich zu so einer delicaten und gefährlichen Arbeit geschickt.«

Ebd. S. 543.

Die Arbeit war also längst im Gange, als GOETHE auch Kestner davon unterrichtete:

»Ich habe in ruhigen Stunden meinen Werther wieder vorgenommen, und denke, ohne die Hand an das zu legen was so viel Sensation gemacht hat, ihn noch einige Stufen höher zu schrauben. Dabey war unter andern meine Intention Alberten so zu stellen, daß ihn wohl der leidenschaftliche Jüngling, aber doch der Leser nicht verkennt. Dies wird den gewünschten und besten Effekt thun. Ich hoffe Ihr werdet zufrieden seyn.«

Kestner. S. 256 f.

KESTNER, der den Roman nicht zur Hand hatte, versuchte sich zu erinnern, was ihn daran besonders gestört hatte und was er gern verändert sähe; doch was ihm da gerade einfiel, will uns heute als Stoff belanglos und als Teil der Dichtung kaum entbehrlich scheinen:

»1) *Die Ohrfeigen*, welche Lotte austheilt, waren uns beyder-
seits anstössig.[7] Diese Episode ist weder in der wahren
Geschichte gegründet, – es sey denn, daß Ihr solches anders
woher genommen – noch dem Character *der* Lotte, welche
Ihr schildert, genug angemessen. Meine Lotte wenigstens,
wäre nie im Stande gewesen, sich so zu benehmen. Ob sie
gleich ein lebhaftes, muthwilliges Mädchen war; so blieb sie
doch immer ein Mädchen, und behielt bey solcher Lebhaftigkeit und Muthwillen doch immer die weibliche Delicatesse –
ein andres Wort fällt mir nicht gleich ein – bey.
2) Der Umstand, daß sie Werthern auf dem Balle gleich zu
verstehen gegeben, daß sie schon engagirt sey, war uns auch
anstössig. Meine Lotte, wenn die damit gemeynt wäre, hätte
solches nicht äussern können; weil wir nie eigentlich versprochen gewesen sind. Wir verstanden uns, wir waren einig, wir
waren nicht mehr zu trennen, das ist wahr. Es beruhte aber
nur zum Theil auf einer stillschweigenden Uebereinkunft.
Wir hätten, menschlichen Gesetzen nach, uns noch immer
trennen können. Auf meiner Seite hatte eine gewisse Eigenheit oder Caprice, wenn Ihr wollt, daran Schuld.«

Ebd. S. 259 f.

Goethe hat weder das eine noch das andere geändert. Aber er
hat, wie an den in Kap. II,2 wiedergegebenen Varianten
abzulesen ist, seinem Plan gemäß Albert aufgewertet. – In der
Zweitfassung läßt vor allem der Herausgeber dem Charakter
Alberts größere Gerechtigkeit widerfahren. Damit auch der
Leser Albert besser versteht, ohne sich gleich von Werther zu
distanzieren, sondern in seinem Urteil über die Charaktere
fein unterscheidet, waren die ausgedehnteren und schwieri-
gen Umarbeitungen gegen Ende des Romans notwendig.
GOETHE vollendete die Arbeit daran im Sommer 1786 in
Karlsbad und schrieb dann an Frau von Stein:

»Nun muss ich auch meiner Liebsten schreiben, nachdem ich
mein schwerstes Pensum geendigt habe. Die Erzählung am

7 Im Brief vom 16. 6. 71 (S. 29).

Schlusse ›Werthers‹ ist verändert, gebe Gott, dass sie gut gerathen sei, noch weiss niemand nichts davon, Herder hat sie noch nicht gesehn.«

Gräf I. S. 553.

Und wenig später:

»[. . .] über das Ende ›Werthers‹ ist die Sache auch entschieden. Nachdem es Herder einige Tage mit sich herumgetragen hatte, ward dem Neuen der Vorzug eingeräumt. Ich wünsche, dass Dir die Veränderung gefallen und das Publicum mich nicht schelten möge.«

Ebd.

Da Goethe noch nicht nach Weimar zurückkehren wollte, beauftragte er den Kammer-Kalkulator Seidel, das Manuskript dem Verleger Göschen in Leipzig zu übergeben. Der »Werther« erschien in der neuen Fassung 1787 als Band 1 der achtbändigen »Schriften«.

3. Der Erweiterungsversuch

Goethe hat versucht, die Geschichte Werthers zu erweitern, und zwar mit einer Reihe von Briefen aus der Schweiz. – Man weiß nicht genau, wann er den Plan dazu faßte. Als Schiller ihn Anfang Februar 1796 um einen Beitrag zu den »Horen« bat, schrieb GOETHE:

»Da ich zum dritten Stücke noch nichts zu liefern weiss, habe ich meine alten Papiere durchgesehen [. . .]. Um wenigstens meinen guten Willen zu zeigen, schicke ich hier eine sehr subjective Schweizerreise. Urtheilen Sie, in wiefern etwas zu brauchen ist; vielleicht wenn man noch irgend ein leidenschaftliches Mährchen dazu erfände, so könnte es gehen.«

Gräf I. S. 567 f.

Wahrscheinlich schickte Goethe mit diesem Brief die erste Abteilung der Briefe aus der Schweiz, die zum Teil unter dem

Titel »Briefe auf einer Reise nach dem Gotthardt« im 7. Band des Jahrgangs 1796 der »Horen« erschienen. Die in Goethes Werkausgabe von 1808 (bei Cotta) abgedruckte zweite Abteilung der »Briefe aus der Schweiz« stellt Goethes eigene Reiseerlebnisse von 1779 nach wirklichen Briefen an Frau von Stein dar.

Riemer erklärte, es sei Goethes Absicht gewesen, die Briefe der beiden Abteilungen zu mischen und auf verschiedene Korrespondenten zu verteilen, um den leidenschaftlicheren Mitteilungen der ersten Abteilung die ruhigeren, sachlicheren der zweiten gegenüberzustellen. Aus dem Plan ist aber nichts geworden. GOETHE gibt in »Dichtung und Wahrheit« IV, 19 eine Erklärung dafür:

»In dem Fragment von Werthers Reisen, welches in dem XVI. Bande meiner Werke neuerlich wieder mit abgedruckt ist, habe ich diesen Gegensatz der schweizerischen löblichen Ordnung und gesetzlichen Beschränkung mit einem solchen, im jugendlichen Wahn geforderten Naturleben zu schildern gesucht. Weil man aber alles, was der Dichter unbewunden darstellt, gleich als entschiedene Meinung, als didaktischen Tadel aufzunehmen pflegt; so waren die Schweizer deshalb sehr unwillig, und ich unterließ die intentionierte Fortsetzung, welche das Herankommen Werthers bis zur Epoche, wo seine Leiden geschildert sind, einigermaßen darstellen und dadurch gewiß den Menschenkennern willkommen sein sollte.«

HA X. S. 154.

Eine Erweiterung der Lebensgeschichte Werthers hätte gewiß auch den Blick auf den Roman, wie er vorliegt, verändert. Mag sein, daß auch dies ein Grund war, der den Dichter von dem Vorhaben absehen ließ. Das Herausgebervorwort zu den Briefen der ersten Abteilung zeigt, daß und warum GOETHE zögerte, die Briefe eindeutig seinem berühmten Romanhelden zuzuschreiben: Um nämlich das gefühlsbestimmte Verhältnis zwischen Werther und Publikum nicht zu stören, läßt der Dichter den Herausgeber die Entscheidung

über Annahme oder Ablehnung des fragmentarischen An-
baus »dem Gefühl und Urteil des Lesers« anheimstellen:

»Als vor mehreren Jahren uns nachstehende Briefe abschrift-
lich mitgetheilt wurden, behauptete man sie unter Werthers
Papieren gefunden zu haben, und wollte wissen, dass er vor
seiner Bekanntschaft mit Lotten in der Schweiz gewesen. Die
Originale haben wir niemals gesehen, und mögen übrigens
dem Gefühl und Urtheil des Lesers auf keine Weise vorgrei-
fen: denn, wie dem auch sei, so wird man die wenigen Blätter
nicht ohne Theilnahme durchlaufen können.«

Gräf I. S. 569.

V. Dokumente zur Wirkungsgeschichte

1. Die Beteiligten

Zu sagen, was er »empfunden, gedacht und gewähnt« hatte, um dadurch die bedrückenden Erlebnisse zu überwinden, war Goethes Absicht gewesen. Die Objektivierung der eigenen Bedrohung, die Verwandlung des eigenen Unbehagens in ein selbständiges ästhetisches Gebilde, gelang. Noch während er daran arbeitete, konnte er Charlotte Kestner versichern: »Es wird gut, meine Beste.« – Nachdem es vollendet war, fühlte sich GOETHE gelöst und befreit. Er schrieb später in »Dichtung und Wahrheit« III,13:

> »[...] ich hatte mich durch diese Komposition, mehr als durch jede andere, aus einem stürmischen Elemente gerettet, auf dem ich durch eigne und fremde Schuld, durch zufällige und gewählte Lebensweise, durch Vorsatz und Übereilung, durch Hartnäckigkeit und Nachgeben auf die gewaltsamste Art hin und wider getrieben worden. Ich fühlte mich, wie nach einer Generalbeichte, wieder froh und frei, und zu einem neuen Leben berechtigt. Das alte Hausmittel[1] war mir diesmal vortrefflich zustatten gekommen.«

HA IX. S. 588.

Das war aber nur die eine Seite. Dem jungen Schriftsteller war es keineswegs gleichgültig, was seine Freunde zu den dichterisch objektivierten Leiden sagen würden. Merck, der ihm schon bei der Veröffentlichung des »Götz« geholfen hatte, erfuhr als erster davon. Goethe las ihm aus dem Manuskript vor, und als Merck, der gerade zerstreut war und nicht auf den Vortrag geachtet hatte, nur sagte: »Nun ja! es ist ganz hübsch«, da hätte Goethe den Roman um ein Haar vor Enttäuschung verbrannt. Zum Glück revidierte Merck sein

---

1 Eine These des Aristoteles, daß sich der Dichter im Werk von zerstörerisch-dämonischen Elementen seiner Natur befreit.

Urteil und drang darauf, daß das Manuskript ohne weitere Änderung unverzüglich gedruckt werde.

KESTNERS Vorbehalte gegenüber dem Roman beruhten nicht bloß auf einer Laune. Er sah, wie allzu viele Leser nach ihm, nur den Stoff, und da ein bedeutender Teil seines Lebens als Stoff in den Roman eingegangen war, verglich er Werthers Briefe mit seinen eigenen Erlebnissen: Er fand entstellte Tatsachen und vermißte »die Wahrheit«. Ein Briefentwurf zeigt uns Kestners Reaktion:

»Euer Werther würde mir großes Vergnügen machen können, da er mich an manche interessante Scene und Begebenheit erinnern könnte. So aber, wie er da ist, hat er mich, in gewissem Betracht, schlecht erbauet. [...]
Ihr habt zwar in jede Person etwas Fremdes gewebt, oder mehrere in eine geschmolzen. Das ließ ich schon gelten. Aber wenn Ihr bey dem Verweben und Zusammenschmelzen euer Herz ein wenig mit rathen lassen; so würden die würcklichen Personen, von denen ihr Züge entlehnet, nicht dabey so prostituirt seyn. Ihr wolltet nach der Natur zeichnen, um Wahrheit in das Gemälde zu bringen; und doch habt Ihr so viel widersprechendes zusammengesetzt, daß Ihr gerade Euren Zweck verfehlt habt. [...] Der würcklichen Lotte würde es in vielen Stücken leid seyn, wenn sie Eurer da gemalten Lotte gleich wäre. [...]
Und das elende Geschöpf von einem Albert! Mag es immer ein eignes nicht copirtes Gemählde seyn sollen, so hat es doch von einem Original wieder solche Züge (zwar nur von der Aussenseite, und Gott sey's gedankt, nur von der Aussenseite) daß man leicht auf den würcklichen fallen kann. Und wenn Ihr ihn so haben wolltet, mußtet ihr ihn zu so einem Klotze machen? damit ihr etwa auf ihn stolz hintreten und sagen könntet, seht was *ich* für ein Kerl bin!«

Kestner. S. 220 f.

Kestner war zu befangen, um dem »Werther« die Eigenständigkeit des Kunstwerks zuzubilligen. Daher ging seine Reak-

tion auf den Roman an der Dichtung vorbei. Man wird das
Kestner nicht vorwerfen; er hat auch sein Mißfallen an der
Erstfassung des Romans dem Autor weder gekränkt noch
kränkend in ungleich taktvollerer Weise als in diesem Kon-
zept mitgeteilt. – GOETHE weist in seiner Antwort darauf hin,
wie notwendig es für ihn war, diesen Roman zu schreiben,
und versucht, seine Freunde über die unvermeidliche Indis-
kretion zu trösten:

»Ihr Kleingläubigen! – Könntet ihr den tausendsten Theil
fühlen, was Werther tausend Herzen ist, ihr würdet die Un-
kosten nicht berechnen, die ihr dazu hergebt! [...] Bruder
lieber Kestner! wollt ihr warten so wird euch geholfen. Ich
wollt um meines eignen Lebens Gefahr willen Werthern nicht
zurückrufen [...] – Werther muss – muss seyn! – Ihr fühlt *ihn*
nicht, ihr fühlt nur *mich* und *euch*, und was ihr *angeklebt*
heisst – und trutz euch – und andern – *eingewoben* ist[2] –
Wenn ich noch lebe, so bist dus dem ichs danke – bist also
nicht Albert – Und also –
Gib Lotten eine Hand ganz warm von mir, und sag ihr: Ihren
Nahmen von tausend heiligen Lippen mit Ehrfurcht aus-
gesprochen zu wissen, sey doch ein Aequivalent gegen Be-
sorgnisse, die einem kaum ohne alles andere im gemeinen
Leben, da man jeder Baase ausgesetzt ist, lange verdriesen
würden.
Wenn ihr brav seyd und nicht an mir nagt, so schick ich euch
Briefe, Laute, Seufzer nach Werthern [...] – [...]
Und mein Versprechen bedenkt. *Ich* allein kann *erfinden*,
was euch völlig ausser aller Rede setzt, ausser dem windgen
Argwohn. Ich habs in meiner Gewalt, noch ists zu früh!«

                                                    Ebd. S. 232–234.

Kestner war, wie gesagt, nicht der einzige, der die Wahrheit
des Romans in seiner tatsächlichen Wirklichkeitstreue suchte. Wegen der kaum verhüllten Ähnlichkeiten zwischen den

---

2 In dem Briefentwurf hatte Kestner vom »Verweben und Zusammenschmelzen« gesprochen, nicht vom Ankleben.

Verhältnissen im Roman und in der Wetzlarer Gesellschaft glaubten viele Leser, es handle sich hier um einen Schlüsselroman und jeder sei eingeladen, den Dingen nachzuforschen. – Ein kurhannoverscher Gardeleutnant namens v. Breitenbach veröffentlichte sogar eine sechzehnseitige »Berichtigung der Geschichte des jungen Werthers«. GOETHE, der bald die lästige und dauerhafte Nebenwirkung seines alten Hausmittels spürte, bekannte (»Dichtung und Wahrheit« III,13):

»[...] daran hatte ich nicht gedacht, daß mir durch teilnehmende, wohlwollende Seelen eine unleidliche Qual bereitet sei: denn anstatt daß mir jemand über mein Büchlein, wie es lag, etwas Verbindliches gesagt hätte, so wollten sie sämtlich ein für allemal wissen, was denn eigentlich an der Sache wahr sei? worüber ich denn sehr ärgerlich wurde, und mich meistens höchst unartig dagegen äußerte. Denn diese Frage zu beantworten, hätte ich mein Werkchen, an dem ich so lange gesonnen, um so manchen Elementen eine poetische Einheit zu geben, wieder zerrupfen und die Form zerstören müssen, wodurch ja die wahrhaften Bestandteile selbst wo nicht vernichtet, wenigstens zerstreut und verzettelt worden wären. Näher betrachtet, konnte ich jedoch dem Publikum die Forderung nicht verübeln. Jerusalems Schicksal hatte großes Aufsehen gemacht. [...] Jedermann fragte nun, wie das möglich gewesen, und als man von einer unglücklichen Liebe vernahm, war die ganze Jugend, als man von kleinen Verdrießlichkeiten, die ihm in vornehmerer Gesellschaft begegnet, sprach, der ganze Mittelstand aufgeregt, und jedermann wünschte das Genauere zu erfahren. [...] Dergleichen peinliche Forschungen hoffte ich in einiger Zeit loszuwerden; allein sie begleiteten mich durchs ganze Leben. Ich suchte mich davor auf Reisen durchs Inkognito zu retten,[3] aber auch dieses Hülfsmittel wurde mir unversehens vereitelt, und so war der Verfasser jenes Werkleins, wenn er ja etwas Unrechtes

---

3 Als Goethe am 14. Mai 1775 mit den Grafen Stolberg und Graf von Haugwitz nach der Schweiz aufbrach, trugen die vier »Haimonskinder« allerdings Werther-Tracht.

und Schädliches getan, dafür genugsam, ja übermäßig durch
solche unausweichliche Zudringlichkeiten bestraft.«

HA IX. S. 592 f.

Jerusalem konnte sich nicht mehr zu der dichterischen Bearbeitung seines letzten Entschlusses äußern. Lessing sprach
an seiner Statt und bemühte sich, ihn von dem berüchtigten
Romanhelden zu unterscheiden, indem er die denkerische
Leistung seines jungen Freundes herausstellte und im Vorwort dazu jene nachrufartige, anerkennende Charakteristik
entwarf, die bereits Kap. III unter den historisch-biographischen Zeugnissen eingerückt wurde.

2. Die Rezensenten

Von einigen Ausnahmen abgesehen,[4] brachten die zeitgenössischen Rezensionen wenig Erhellung über den »Werther« als
Kunstwerk. Vielmehr wurde der Stoff des Romans zum Prüf-
stein der Gesinnung; die Reaktion darauf wies die Rezensen-
ten oft deutlich genug in je eines der unschwer zu erkennen-
den drei Lager, nämlich in das der Stürmer und Dränger, das
der Aufklärer oder des orthodoxen Klerus.
Die jungen Stürmer und Dränger, Schubart, Heinse und
Lenz, Bürger, Voss, Karl Philipp Moritz und die Stolbergs,
begrüßten Werther mit überschwenglicher Begeisterung als
einen der Ihren und stimmten meist vorbehaltlos mit ihm
überein.
Die Aufklärer, Lessing, Nicolai, Mendelssohn, Lichtenberg,
Möser, Sulzer und Bodmer, die dem Werk noch am ehesten
hätten gerecht werden können, schätzten wohl die Großzügigkeit des Charakters, die hinreißende Sprache und andere
Einzelheiten, fanden bis auf Wieland aber doch mit aller
Zurückhaltung älterer Herren, daß die Vernunft, wie ihnen

---

4 Etwa Friedrich von Blanckenburg in der »Neuen Bibliothek der schönen
   Wissenschaften und der freyen Künste«, Leipzig, Bd. 18, 1775, St. 1,
   S. 46–95.

der Ausgang der Geschichte bewies, in diesem Buch zu kurz komme.

Der orthodoxe Klerus endlich, allen voran Johann Melchior Goeze[5], sah im »Werther« nichts als eine freche Verteidigung des Selbstmordes und rief nach der Zensur.

Die nachfolgenden Ausschnitte spiegeln das Spektrum der öffentlichen zeitgenössischen Kritik.

CHRISTIAN FRIEDRICH DANIEL SCHUBART (1739–91) in der »Deutschen Chronik«, Augsburg, 5. Dezember 1774:

»– Da sitz ich mit zerfloßnem Herzen, mit klopfender Brust, und mit Augen, aus welchen wollüstiger Schmerz tröpfelt, und sag Dir, Leser, daß ich eben *die Leiden des jungen Werthers* von meinem lieben *Göthe* – gelesen? – Nein, verschlungen habe. Kritisiren soll ich? Könnt ichs, so hätte ich kein Herz. [...] Soll ich einige schöne Stellen herausheben? Kann nicht; das hiesse mit dem Brennglas Schwamm anzünden, und sagen: Schau, Mensch, das ist Sonnenfeuer! – Kauf's Buch, und lies selbst! Nimm aber dein Herz mit! – Wollte lieber ewig arm seyn, auf Stroh liegen, Wasser trinken und Wurzeln essen, als einem solchen sentimentalischen Schriftsteller nicht nachempfinden können.«

Zit. nach: Braun I. S. 64.

WILHELM HEINSE (1746–1803) in »Iris«, Düsseldorf, Dezember 1774, S. 78–81:

»Wer gefühlt hat, und fühlt, was Werther fühlte; dem verschwinden die Gedanken, wie leichte Nebel vor Sonnenfeuer, wenn er's bloß anzeigen soll. Das Herz ist einem so voll davon, und der ganze Kopf ein Gefühl von Thräne. O Menschenleben, welche Gluth von Quaal und Wonne vermagst

---

5 Derselbe, der sich wegen der »Fragmente eines Ungenannten« (1774–77) von Hermann Samuel Reimarus mit Lessing anlegte und von Nicolai in dem Roman »Das Leben und die Meinungen des Herrn Magister Sebaldus Nothanker« (1773–76) als orthodoxer Fanatiker lächerlich gemacht wird.

du in dich zu fassen! Da liegt er im Kirchhof unter den zwo Linden im hohen Grase. Tief ist sein Schlaf, niedrig sein Küssen von Staub; und o wenn wird es Morgen im Grabe, zu bieten dem Schlummerer: Erwache! Armer Werther! Unglücklichere Lotte! [...]
Habe warmen, herzlichen Dank, guter Genius, der du Werthers Leiden den edlen Seelen zum Geschenke gabst.«

Ebd. S. 65 f.

MATTHIAS CLAUDIUS (1740–1815) in »Der Deutsche, sonst Wandsbecker Bothe«, Hamburg, 22. Oktober 1774 (gez.: »Aßmus«):

»Weiß nicht, obs 'n Geschicht oder 'n Gedicht ist; aber ganz natürlich gehts her, und weiß einem die Thrähnen recht aus 'm Kopf herauszuholen. Ja, die Liebe ist 'n eigen Ding; läßt sich's nicht mit ihr spielen wie mit einem Vogel. Ich kenne sie, wie sie durch Leib und Leben geht und in jeder Ader zückt und stört, und mit 'm Kopf und der Vernunft kurzweilt. Der arme Werther! er hat sonst so gute Einfälle und Gedanken. Wenn er doch eine Reise nach Pareis oder Pecking gethan hätte. So aber wollt' er nicht weg vom Feuer und Bratspieß, und wendet sich so lange d'ran herum, bis er caput ist; und ist eben das Unglück, und darum sollen sie unter der Linde an der Kirchhofmauer neben seinem Grabe eine Graßbank machen, daß man sich darauf hinsetze und den Kopf in die Hand lege und über die menschliche Schwachheit weine. – Aber wenn du ausgeweint hast, sanfter guter Jüngling, wenn du ausgeweint hast; so hebe den Kopf frölich auf, und stemme die Hand in die Seite, denn es giebt Tugend, die, wie die Liebe, auch durch Leib und Leben geht und in jeder Ader zückt und stört. Sie soll nur mit viel Ernst und Verleugnung errungen werden, und deswegen nicht sehr bekannt und beliebt seyn, aber wer sie hat dem soll sie auch dafür reichlich lohnen, bey Sonnenschein u. Regen, und wenn Freund Hain mit der Hippe kömmt.«

Ebd. S. 49 f.

In den »Frankfurter Gelehrten Anzeigen«, Frankfurt am Main, war am 1. November 1774 in einem nicht gezeichneten Beitrag zu lesen:

»– Glücklicher Mann! der du mit Werthern sympathisiren – fühlen kannst, daß er in *seinen* Umständen, bei *seiner* empfindungsvollen Denkungsart, gerade so handeln müssen, sey mir gegrüßet unter den wenigen Edeln! – Und du verehrungswürdige Schöne, die du mit Lotten den ganzen Werth unsers Werthers zu schätzen weist, die du seinem Andenken eine dich verschönernde Thräne zollst, mögest du doch in den Armen deines Gatten, jetzt oder in Zukunft, alle die Seeligkeiten einathmen, die Dein und mein unglücklicher Freund nur in der Ferne schimmern sah.«

Ebd. S. 54 f.

Christoph Martin Wieland (1733–1813) in »Der Teutsche Merkur«, Weimar, Dezember 1774, S. 241–243:

»Gresset ist, so viel ich weiß, der einzige dramatische Schriftsteller, welcher den *Selbstmord* nicht zur Pointe sondern zum Thema eines Stücks gemacht hat. Hier ist es aber nicht um kalte moralische Discussionen, sondern darum zu thun, die Wahrscheinlichkeit zu zeigen, wie ein vernünftiger und sonst schätzbarer Mann bis zu einem solchen Schritte gebracht werden kann. [...] in einer langen Reihe von Briefen können wir den Charakter desselben nach allen seinen kleinen Bestimmungen so durchschauen, daß wir ihn selbst an den Rand des Abgrundes begleiten. [...] Einen einzelnen Selbstmörder rechtfertigen, und auch nicht rechtfertigen, sondern nur zum Gegenstande des Mitleids zu machen, in seinem Beyspiele zu zeigen, daß ein allzuweiches Herz und eine feurige Phantasie oft sehr verderbliche Gaben sind, heißt keine Apologie des Selbstmords schreiben. [...] Unzufriedenheit mit den Schicksale ist eine der allgemeinen Leidenschaften, und daher sympathisirt hier jeder, zumal da Werthers liebenswürdige Schwärmerey und wallendes Herz jeden anstecken müssen. Ausser der Kunst des Verfassers, die

Nüancen aller Leidenschaften zu treffen, verdient die popu-
läre Philosophie Lob, womit er sein ganzes Werk durchwürzt
hat. *Ich will das Gegenwärtige genießen, und das Vergangne
soll mir Vergangen seyn,* und hundert solche Maximen, die
aus Werthers nicht misantropischen, sondern bewegten Herzen fließen, machen mehr Eingang, als die strotzenden Predigten unsrer täglichen Romane.«

Ebd. S. 69.

Ein anonymer Verfasser schrieb in der »Auserlesenen Bibliothek der neuesten deutschen Litteratur«, Lemgo, Bd. 8, 1775,
S. 500–510:

»Der Hauptvorzug dieses, eben dadurch ganz vortreflichen
Romans, besteht in der volkomnen Bearbeitung des Charakters der Hauptperson; der so ein Ganzes ausmacht, welches
in allen seinen Bestimmungen eine so volständige Einheit bildet, daß man sich kein wahreres und nach der Natur getreuer
gezeichnetes Bild eines menschlichen Charakters vorstellen
kan. Die Schluskatastrophe, worauf alles abzwekt, entspringt
nicht nur natürlich aus dem Charakter, und läst sich wohl
damit zusammenreimen: das findet man in mehrern Romanen und Gedichten. Hier aber, und dazu gehört gewis ein
ganz besonders Genie, sieht man, daß es unmöglich ist, daß
die Katastrophe nicht erfolge. Kurz, die Leiden des jungen
Werthers sind die allervortreflichste Erläuterung durch ein
Beispiel von dem Satze: Die Menschen werden zu ihren jedes-
maligen Handlungen durch die zusammengesezte Wirkung
der Umstände und ihres Charakters unwiderstehlich bestimt.
Wer dieser Meinung in der Weltweisheit zugethan ist, kan
sich an dem Buche nicht sat lesen. [. . .] Die Kunst, womit der
Hauptcharakter angelegt ist, so, daß er bei vielen Fehlern
höchst interessant bleibt; die Energie des Ausdruks, die frap-
panten Gedanken, die Werthers eigenthümliche Art, die
Dinge der Welt zu betrachten, an unzähligen Orten hervorbringt; das sind alles Dinge, die gewis keinem Leser von
Gefühl entgangen sind. [. . .] Wir wollen [. . .] zwo Klagen
erörtern, die man gegen das Buch geführt hat; erstlich, daß es

gefährlich sey, indem es den Selbstmord lehre und dazu anreize; zweitens, daß der Verfasser Unrecht gethan hat, eine gewisse wahre Geschichte zum Grunde seines Werks zu legen [...]. [...] O! man braucht gewis nicht zu besorgen, daß diese Sünde jemals unter den Menschen Mode werde, dafür hat die Natur wol gesorgt. In der That, es gehören besondre Umstände, eine ganz besondre, einem Krankheitszustande sehr ähnliche Gemüthsbeschaffenheit dazu, um den desperaten Entschlus zu fassen, sich selbst zu entleiben [...]. Und so eine Gemüthsbeschaffenheit bringt kein Buch hervor. [...] Zudem lobt und vertheidigt der Verf. nirgend seines Helden That. [...]

Noch unbilliger scheint uns die zwote gegen denselben erregte Klage. [...] Es ist dies so wenig das Bild des bewusten Jünglings, als der Roman dessen Geschichte enthält. Einige Umstände sind daher genommen, die Schilderung einiger Oerter gleicht denen, wo die Geschichte sich zugetragen hat. Das hat hirnlosen Anekdotenjägern Gelegenheit gegeben, in die Welt zu schreien: Die Leiden des jungen Werthers sind die Geschichte von dem und dem. Es ist hart, wenn das nicht diesen Anekdotenjägern, sondern dem Verf. zur Last gelegt werden sol. Jene muß man schelten, nicht ihn.«

Ebd. S. 149–155.

CHRISTIAN GARVE (1742–98) in dem von Johann Jakob Engel herausgegebenen Band »Der Philosoph für die Welt«, Tl. 1, Leipzig 1775, S. 21–33 (gez.: »V«):

»– Auch für mich ist der Charakter des jungen *Werthers* äußerst interessant gewesen. Ich sympathisire sehr mit seinen Empfindungen über das Schicksal der Menschheit [...]. – Sonst sind Werthers Empfindungen allerdings überspannt: er verachtet einen niedrigern Grad von Empfindlichkeit, die dabey wirklich sehr weit und richtig seyn kann, mit eben dem tadelhaften Stolze, womit der große Gelehrte den minder Belesenen zu verachten pflegt. Er hat nicht allgemeines Menschengefühl. Das eine sind ihm Schurken und Teufel; das andere Engel. [...]

Dies macht bey *Werthern* einen Theil seiner Schuld aus, daß
er diese Einschränkung und Concentration seiner ganzen
großen Empfindsamkeit auf jeden kleinen Gegenstand für ein
Verdienst hält, sich darinn mehr und mehr übt, und alles was
seine Aufmerksamkeit auf mehr wichtige Objekte ziehen
könnte, für Zerstreuung, für Abhaltung von dem Streben
nach Vollkommenheit ansieht. Daher auch sein Stolz, der
sonst mit der Liebe gegen die geringsten Menschen, und
selbst gegen Pflanzen und Insekten, die er zu seiner vorzüg-
lichsten Eigenschaft macht, so wenig bestehen kann. [. . .]
Man hat die Leiden Werthers hie und da für ein gefährliches
Buch gehalten, das zum Selbstmord verführte. [. . .] Zum
Selbstmord wird man schwerlich verführt. Aber dennoch
[. . .] war es freylich Unrecht, die spitzfindigsten Schein-
gründe *für* die That mit aller Stärke der Beredsamkeit vorzu-
tragen, indeß die wahren Gründe *dawider* übergangen oder
ungeschickt verfochten wurden. [. . .] Dieses [. . .] ist wohl
der größte Vorwurf, den man dem Verfasser der Leiden
Werthers machen kann, und gegen den er sich vielleicht am
wenigsten rechtfertigen ließe. --«

Ebd. S. 128–133.

In den »Berlinischen Nachrichten von Staats- und Gelehrten-
Sachen«, Berlin, war am 2. Februar 1775 folgender Hinweis
eingerückt:

»So gern wir zur Ehre des berühmten Herrn *Göthe* glauben
wollen, daß er sich bey jener in vieler Absicht so meisterhaf-
ten Production seines Genies, weder die Vertheidigung des
Selbstmordes zum Endzweck vorgesetzt noch auch gesucht
haben mag, die Asche des unglücklichen *Werthers* zu be-
schimpfen oder die Ueberlebenden damit zu kränken; so
müssen wir doch immer wünschen, daß er seine ungewöhn-
lichen Gaben entweder auf einen ganz andern Gegenstand
gewendet, oder wenigstens diesen, anders und sittlicher
behandelt hätte. Da das aber jetzt nun nicht mehr zu ändern
ist; so müssen wir *den* Mann segnen, der mit gleichem Witz
aber dabei mit mehr practischer Philosophie uns ein so heil-

sames Gegengift geliefert hat, als die vor uns liegenden vortrefflichen Bogen, unter dem Titel: *Die Freuden des jungen Werthers*[6], in sich enthalten.«

Ebd. S. 77.

Die »Freywilligen Beyträge zu den Hamburgischen Nachrichten aus dem Reiche der Gelehrsamkeit«, Hamburg, brachten am 21. März 1775 folgenden Zusatz zu einer nicht gezeichneten Rezension:

»Zu den Schriften welche der Hr. Verf. als sichtbare Beyspiele der Ausbrüche des Verderbens unsrer Zeiten anführet, rechnen wir billig noch die Leiden (Narrheiten u. Tollheiten, solte es heissen) *des jungen Werthers*, einen Roman, welcher keinen andern Zweck hat, als das schändliche von dem Selbstmorde eines jungen Witzlings, den eine närrische und verbotene Liebe, und eine daher entsprungene Desparation zu dem Entschlusse gebracht haben, sich die Pistole vor den Kopf zu setzen, abzuwischen, und diese schwarze That als eine Handlung des Heroismus vorzuspielen, einen Roman, der von unsern jungen Leuten nicht gelesen sondern verschlungen wird [...]. [...] Natürlich kann die Jugend keine andre als diese Lehren daraus ziehen: Folgt euren natürlichen Trieben. Verliebt euch, um das Leere eurer Seele auszufüllen. Gaukelt in der Welt herrum; will man euch zu ordentlichen Berufsgeschäften führen, so denket an das Pferd, das sich unter den Sattel bequeme, und zu schanden geritten wurde. Will es zuletzt nicht mehr gehen, wohlan ein Schuß Pulver ist hinlänglich aller eurer Noth ein Ende zu machen. Man wird eure Grosmuth bewundern, und den Schönen wird euer Name heilig seyn. Und was ist zuletzt das Ende von diesem Liede? dieses: lasset uns essen und trinken und fröhlich seyn, wir können sterben wenn wir wollen. Ohngefähr sind wir geboren, und ohngefähr fahren wir wieder dahin, als wären wir nie gewesen.

Welcher Jüngling kann eine solche verfluchungswürdige

Siehe S. 152 ff.

Schrift lesen, ohne ein Pestgeschwür davon in seiner Seele
zurück zu behalten, welches gewis zu seiner Zeit aufbrechen
wird. Und keine Censur hindert den Druck solcher Lock-
speisen des Satans? [...] Ewiger Gott! was für Zeiten hast du
uns erleben lassen!«

Ebd. S. 87–90.

JOHANN MELCHIOR GOEZE (1717–86) schrieb im gleichen
Blatt am 4. und 7. April 1775:

»Einem jeden Christen, der für das Wort seines Heylandes
*Ich sage euch, wer ein Weib ansiehet, ihr zu begehren, der hat
schon die Ehe mit ihr gebrochen in seinem Herzen,* Matth.
5,28. noch einige Ehrerbietung hat, der die Worte des heil.
Johannes: *Wir wissen, daß ein Todtschläger nicht hat das
ewige Leben bey ihm bleibend,* 1. Joh. 3,15. als einen Lehr-
satz ansiehet, welcher sich auf ein unveränderliches Urtheil
unsers allerheiligsten und allerhöchsten Richters gründet,
muß nothwendig das Herz bluten, wenn er die *Leiden de*
jungen Werthers lieset. Das gelindeste Urtheil, das man von
dieser Schrift fällen kann, ist dieses: *sie ist der verwegenste*
Widerspruch gegen beyde. [...]
Da das Sprüchwort eine völlig gegründete Wahrheit ist: *daß*
derjenige der sein eigen Leben nicht achtet, allezeit der Herr
über das Leben eines andern sey; so haben Obrigkeiten und
Regenten die allergrößteste Ursach, auf Schriften aufmerk-
sam zu seyn, welche der unbesonnenen und brausenden
Jugend den Grundsatz: *daß die Vorstellung, daß sie diesen*
Kerker verlassen können, wenn sie wollen, ein süsses Gefühl
der Freyheit sey, einzuflössen suchen.«

Ebd. S. 95–98.

»Ewiger Gott! wer hätte von uns vor 20 Jahren denken können, daß wir die Zeiten erleben würden, in welchen mitten in
der evangelisch-lutherischen Kirche, *Apologien für den*
Selbstmord erscheinen, und in *öffentlichen Zeitungen* ange-
priesen werden dürften. Gehet es auf diesen Fuß fort, so
werden wir bald laudes Sodomiae, wenigstens neue Auflagen

oder gar Uebersetzungen der Aloysia Sigäa sehen. [...] Noch
mehr! ist es eine Heldenthat, sich selbst, mit Vorsatz und
Ueberlegung den Lebensfaden abzuschneiden; so wird es wol
kein so großes Verbrechen seyn, andre, welche uns im Wege
stehen auf eine gute Art aus der Welt zu schaffen. Das *Edel-
mannische* Principium; nur dasjenige ist Sünde, was die
Obrigkeit bestraft, wird auf diesem Wege, allgemein werden,
und Menschen-Witz wird zureichen, die Giftmischerey so
einzurichten, daß die Bestrafung derselben unmöglich werden wird. [...] Kurz! wenn nach den *semlerischen* Grundsätzen die heilige Schrift zu Grunde gerichtet, oder wenn sie
nach den *Bahrdtischen* modernisirt, das ist lächerlich und
stinkend gemacht wird, was wird alsdann aus der Christen-
heit werden? ein Sodom und Gomorra.«[7]

Ebd. S. 103 f.

Der Hainbündler CHRISTOPH HEINRICH HÖLTY (1748–76)
berichtet aus Göttingen in einem Brief vom Dezember 1774
an Charlotte von Einem:

»Einige der Herren Professoren haben den Werther als ein
verführerisches Buch verbieten lassen wollen.«

Zit. nach: Migge. S. 34.

In Leipzig erließ der Stadtrat auf Antrag der theologischen
Fakultät im Januar 1775 ein Verbot des Verkaufs von »Wer-
hers Leiden« bei Strafe von 10 Talern. Das Verbot, das sogar
untersagte, Werther-Tracht anzulegen, blieb bis 1825 in
Kraft.

Am 16. September 1776 ersuchten die Kleriker HOMIUS,
BALLE und JANSEN in Kopenhagen um Zensur. Sie zitierten
aus Werthers Brief vom 21. 12. 72 den Absatz »Und was ist
das? daß Albert dein Mann ist!« (vgl. S. 142) und meinten
dazu:

Zu Semler und Bahrdt s. Kap. I, Anm. zu 97,20 *moralisch-kritischen Reformation* und 97,30 f. *Kennikot, Semler und Michaelis.*

»Diese Proben werden wohl zu Genüge beweisen, dass dieser
Roman als eine Schrift bezeichnet werden muss, die die Religion bespottet, die Laster beschönigt und das Herz und die
guten Sitten verderben kann, und zwar ist dieselbe um so
gefährlicher für unschuldige und nicht genügend befestigte
Menschen, da der Verfasser sich genug Mühe gegeben hat
alles in einem schönen Stil und einem blühenden Vortrag
vorzulegen. [. . .]
P. S. Die kurze Zeit ist schuld daran, dass wir nicht von der
anderen Hauptperson in diesem Roman, nämlich Lotte, berichtet haben, dass sie selbst gleichfalls ein anstössiges Exempel ist [. . .]«

Nach einem maschinenschriftlichen Blatt
im Lottehaus, Wetzlar.

Zwanzig Jahre nach Erscheinen des »Werther« gab FRIED-
RICH SCHILLER in seiner Auseinandersetzung über naive und
sentimentalische Dichtung in den »Horen« Einblick in die
tragische Notwendigkeit des umstrittenen Romanendes:

»Ein Charakter, der mit glühender Empfindung ein Ideal
umfaßt, und die Wirklichkeit fliehet, um nach einem wesen-
losen Unendlichen zu ringen, der was er in sich selbst unaufhörlich zerstört, unaufhörlich ausser sich suchet, dem nur
seine Träume das Reelle, seine Erfahrungen ewig nur Schran-
ken sind, der endlich in seinem eigenen Daseyn nur eine
Schranke sieht, und auch diese, wie billig ist, noch einreißt
um zu der wahren Realität durchzudringen – dieses gefährli-
che Extrem des sentimentalischen Charakters ist der Stoff
eines Dichters geworden, in welchem die Natur getreuer und
reiner als in irgend einem andern wirkt, und der sich unter
modernen Dichtern vielleicht am wenigsten von der sinnli-
chen Wahrheit der Dinge entfernt.
Es ist interessant zu sehen, mit welchem glücklichen Instinkt
alles was dem sentimentalischen Charakter Nahrung giebt
im *Werther* zusammengedrängt ist; schwärmerische unglückliche Liebe, Empfindsamkeit für Natur, Religionsgefühle,
philosophischer Contemplationsgeist, endlich, um nichts zu

vergessen, die düstre, gestaltlose, schwermüthige Ossiani-
sche Welt. Rechnet man dazu, wie wenig empfehlend, ja wie
feindlich die Wirklichkeit dagegen gestellt ist, und wie von
aussen her alles sich vereinigt, den Gequälten in seine Ideal-
welt zurückzudrängen, so sieht man keine Möglichkeit, wie
ein solcher Charakter aus einem solchen Kreise sich hätte
retten können.«

> Die Horen. Jg. 1 (1795) Bd. 4. St. 12. I Die senti-
> mentalischen Dichter. S. 35 f.

Schillers Urteil aus kluger kunsttheoretischer Einsicht blieb
aber nicht das letzte Wort. Mit beginnender Politisierung der
Literatur durch die Jungdeutschen rückte auch der »Werther« in ein neues Licht. HEINRICH HEINE (1797–1856) verkündete »die Revolution tritt in die Literatur!« und wies auf
das gesellschaftskritische Moment als einen lange übersehe-
nen Hauptpunkt des »Werther«. Damit nahm Heine bereits
den Deutungsansatz von Georg Lukács voraus (vgl. S. 177 ff.):

»Ist es doch nie die Poesie an und für sich, was den Produkten
eines Dichters Celebrität verschafft. Betrachten wir nur den
Goetheschen ›Werther‹. Sein erstes Publikum fühlte nimmer-
mehr seine eigentliche Bedeutung, und es war nur das
Erschütternde, das Interessante des Faktums, was die große
Menge anzog und abstieß. Man las das Buch wegen des Tot-
schießens, und Nicolaiten schrieben dagegen wegen des Tot-
schießens. Es liegt aber noch ein Element im ›Werther‹, welches nur die kleinere Menge angezogen hat, ich meine nämlich die Erzählung, wie der junge Werther aus der hochadeli-
gen Gesellschaft höflichst hinausgewiesen wird. Wäre der
›Werther‹ in unseren Tagen erschienen, so hätte diese Partie
des Buches weit bedeutsamer die Gemüter aufgeregt als der
ganze Pistolenknalleffekt.«

> Heine Anfang April 1828 in einer Kritik der Urauf-
> führung des Trauerspiels »Struensee« von Michael
> Beer (1800–33) in München. Zit. nach: Heinrich
> Heines Sämtliche Werke. Hrsg. von Ernst Elster.
> [1887–90.] Bd. 7. Leipzig/Wien: Bibliographisches
> Institut, [o. J.]. S. 226.

Neben diesen und zahlreichen anderen ernsthaften Auseinandersetzungen mit dem »Werther« gab es fast vom Erscheinen des Buches an auch Parodien, die sich um eine befreiende Wirkung in dem oft hitzigen Meinungsstreit bemühten. HEINRICH GOTTFRIED VON BRETSCHNEIDER (1739–1810) dichtete:

Eine entsetzliche

Mordgeschichte

von dem

jungen Werther,

wie sich derselbe den 21. Dezember durch einen Pistolenschuß eigenmächtig ums Leben gebracht.
Allen jungen Leuten zur Warnung, in ein Lied gebracht, auch den Alten fast nutzlich zu lesen.

Im Ton: Hört zu, ihr lieben Christen usw.
1776

> Hört zu, ihr Junggesellen,
> Und ihr, Jungfräulein zart!
> Damit ihr nicht zur Höllen
> Aus lauter Liebe fahrt.
>
> Die Liebe, traute Kinder!
> Bringt hier auf dieser Welt
> Den Heil'gen wie den Sünder
> Um Leben, Gut und Geld.
>
> Ich sing euch von dem Mörder,
> Der sich selbst hat entleibt;
> Er hieß: der junge Werther,
> Wie Doktor Goethe schreibt.
>
> So witzig, so verständig,
> So zärtlich als wie er,
> Im Lieben so beständig,
> War noch kein Sekretär.

Ein Pfeil vom Liebesgotte
Fuhr ihm durch's Herz geschwind.
Ein Mädchen, sie hieß Lotte:
War eines Amtmanns Kind,

Die stand, als Vize-Mutter
Geschwistern, treulich, vor
Und schmierte Brot mit Butter
Dem Fritz und Theodor,

Dem Lieschen und dem Kätchen –
So traf sie Werther an
Und liebte gleich das Mädchen,
Als wär's ihm angetan.

Wie in der Kinder Mitte
Sie da, mit munterm Scherz,
Die Butterrahmen schnitte –
Da raubt' sie ihm das Herz.

Er sah beklebt mit Rotze
Ein feines Brüderlein
Und küßt', dem Rotz zum Trotze,
An ihm die Schwester sein.

Fuhr aus, mit ihr zu tanzen,
Wohl eine ganze Nacht,
Schnitt Menuetts der Franzen
Und walzte, daß es kracht'.

Sein Freund kam angestochen,
Blies ihm ins Ohr hinein:
Das Mädchen ist versprochen
Und wird den Albert frein.

Da wollt' er fast vergehen,
Spart' weder Wunsch noch Fluch,
Wie alles schön zu sehen
In Doktor Goethes Buch.

Kühn ging er, zu verspotten
Geschick und seinen Herrn,
Fast täglich nun zu Lotten,
Und Lotte sah ihn gern.

Er bracht' den lieben Kindern
Lebkuchen, Marzipan,
Doch alles konnt's nicht hindern,
Der Albert wurd' ihr Mann.

Des Werthers Angstgewinsel
Ob diesem schlimmen Streich
Malt Doktor Goethes Pinsel,
Und keiner tut's ihm gleich.

Doch wollt' er noch nicht wanken
Und stets bei Lotten sein,
Dem Albert macht's Gedanken,
Ihm traumte von Geweihn.

Herr Albert schaute bitter
Auf die Frau Albertin –
Da bat sie ihren Ritter:
»Schlag mich dir aus dem Sinn.

Geh fort, zieh in die Fremde!
Es gibt der Mädchen mehr –«
Er schwur beim letzten Hemde,
Daß sie die einz'ge wär.

Als Albert einst verreiste,
Sprach Lotte: »Bleib von mir«,
Doch Werther flog ganz dreiste
In Alberts Haus zu ihr.

Da schickte sie nach Frauen,
Und leider keine kam, –
Nun hört mit Furcht und Grauen,
Welch Ende alles nahm.

Der Werther las der Lotte
Aus einem Buche lang,
Was einst ein alter Schotte
Vor tausend Jahren sang.

Es war ganz herzbeweglich,
Er fiel auf seine Knie,
Und Lottens Auge kläglich
Belohnt ihm seine Müh.

Sie strich mit ihrer Nase
Vorbei an Werthers Mund,
Sprang auf als wie ein Hase
Und heulte wie ein Hund.

Lief in die nahe Kammer,
Verriegelte die Tür
Und rief mit großem Jammer:
»Ach Werther, geh von mir!«

Der Arme mußte weichen.
Alberten, dem's verdroß,
Konnt's Lotte nicht verschweigen,
Da war der Teufel los.

Kein Werther konnt' sie schützen,
Der suchte Trost und Mut
Auf hoher Felsen Spitzen
Und kam um seinen Hut.

Zuletzt ließ er Pistolen,
Im Fall es nötig wär,
Vom Schwager Albert holen,
Und Lotte gab sie her.

Weil's Albert so wollt' haben,
Nahm sie sie von der Wand
Und gab sie selbst dem Knaben,
Mit Zittern, in die Hand.

Nun konnt' er sich mit Ehre
Nicht aus dem Handel ziehn.
Ach Lotte! die Gewehre,
Warum gabst du sie hin?

Alberten recht zum Possen
Und Lotten zum Verdruß,
Fand man ihn früh erschossen,
Im Haupte stak der Schuß.

Es lag, und das war 's Beste,
Auf seinem Tisch ein Buch.
Gelb war des Toten Weste,
Und blau sein Rock, von Tuch.

Als man ihn hingetragen
Zur Ruh, bis jenen Tag,
Begleit'n ihn kein Kragen
Und auch kein Überschlag.

Man grub ihn nicht in Tempel,
Man brennte ihm kein Licht;
Mensch, nimm dir ein Exempel
An dieser Mordgeschicht'!

Zit. nach: Fritz Adolf Hünich: Die deutschen
Werther-Gedichte. In: Jahrbuch der Sammlung
Kippenberg. Bd. 1. Leipzig: Insel-Verlag, 1921.
S. 207–212.

3. Private Zeugnisse

Von den zahlreichen persönlichen Zeugnissen der Werther-
Aufnahme aus Briefen, Gesprächsniederschriften und Tage-
büchern sei zunächst ein Brief von AUGUSTE GRÄFIN STOL-
BERG (1753–1835) vom 14. November 1774 an Heinrich
Christian Boie, den Herausgeber des Göttinger »Musen-
almanach«, zitiert:

»Sagen Sie mir, ich bitte Sie, was sagen Sie zu ›Die Leiden des
jungen Werther‹? Ich kann Ihnen versichern, daß ich fast
nichts – ich nehme allein unsern Klopstock aus – mit dem
Entzücken gelesen habe. Ich weiß fast das ganze Buch aus-
wendig. Der erste Teil insonderheit hat ganz göttliche Stellen,
und der zweite ist schrecklich schön. – Goethe muß ein trefflicher Mann sein! Sagen Sie mir, kennen Sie ihn? Ich möchte
ihn wohl kennen. Welches warme, überfließende Herz!
Welch lebhafte Empfindungen! Wie offen muß sein Herz
jeder Schönheit der Natur, des Geistes und des Herzens sein!
Man fühlt es ihm in jeder Zeile ab, wie mich dünkt, daß er so
und eben so denkt und empfindet, als er schreibt. – Nur
wollte ich, daß er die Irrtümer in Werthers Art zu denken
widerlegte oder zum wenigsten es den Leser fühlen lassen,
daß es Irrtümer sind. Ich fürchte, viele werden glauben, daß
Goethe selbst so denkt. [. . .]«

Zit. nach: HA VI. S. 528.

Die damals neunzehnjährige Gräfin lebte als Stiftsdame im
Kloster Ütersen bei Hamburg und stand durch ihre Brüder
Christian und Friedrich Leopold mit dem Göttinger Hain in
Verbindung. Durch Boies Vermittlung entspann sich zwischen Goethe und Auguste, die einander niemals sahen, ein
merkwürdig vertraulicher Briefwechsel, der erst abbrach, als
1776 Goethes Freundschaft mit Frau von Stein begann.[8]

Kritischer als die junge Gräfin Stolberg äußerte sich Lessing,
der durch seine Freundschaft mit Moses Mendelssohn und
Friedrich Nicolai dem Kreis der Berliner Aufklärer nahe-
stand. Er schrieb an Eschenburg, den Freund Jerusalems:

»Mein lieber Herr Eschenburg,
Haben Sie tausend Dank für das Vergnügen, welches Sie mir
durch Mittheilung des Göthischen Romans gemacht haben.
Ich schicke ihn noch einen Tag früher zurück, damit auch
andere dieses Vergnügen je eher je lieber genießen können.

8 Vgl. Johann Wolfgang Goethe: Briefe an Auguste Gräfin zu Stolberg. Hrsg.
 von Jürgen Behrens. Bad Homburg 1968. – Biographisch und stilistisch be-
 deutsame Zeugnisse des jungen Goethe.

Wenn aber ein so warmes Produkt nicht mehr Unheil als
Gutes stiften soll: meynen Sie nicht, daß es noch eine kleine
kalte Schlußrede haben müßte? Ein Paar Winke hinterher,
wie Werther zu einem so abentheuerlichen Charakter gekommen; wie ein andrer Jüngling, dem die Natur eine ähnliche
Anlage gegeben, sich dafür zu bewahren habe. Denn ein solcher dürfte die poetische Schönheit leicht für die moralische
nehmen, und glauben, daß der gut gewesen seyn müsse, der
unsre Theilnehmung so stark beschäftiget. Und das war er
doch wahrlich nicht; ja, wenn unsers J***s Geist völlig in
dieser Lage gewesen wäre, so müßte ich ihn fast – verachten.
[...] Also, lieber Göthe, noch ein Kapitelchen zum Schlusse;
und je cynischer, je besser! [...]

Dero

Wolfenb. den 26 October   ganz ergebenster F.
       1774.   Lessing.«

G. E. Lessings sämmtliche Werke. Hrsg. von Karl
Lachmann. Bd. 12. Berlin: Voß, 1840. S. 420.

Lessing plante ein Drama »Werther, der Bessere«. Der theatralische Nachlaß enthält einen Abriß der ersten Szene dazu. Leider erlaubt das Bruchstück keinen Schluß auf das
Ganze.

Goethe hat viele Gespräche über den »Werther« geführt.
CAROLINE SARTORIUS berichtet am 27. Oktober 1808 ihrem
Bruder, wie sich der Dichter wenige Tage zuvor zudring-
licher Nachforschung über die Identität des Romanhelden
erwehrte, indem er erklärte, »daß es zwei Personen in einer
gewesen, wovon die eine untergegangen, die andere aber
lebengeblieben ist, um die Geschichte der ersteren zu schreiben, so wie es im Hiob (1,16) heißt: Herr, alle Deine Schafe
und Knechte sind erschlagen worden, und ich bin allein
entronnen, Dir Kunde zu bringen« (zit. nach: HA VI,
S. 538 f.).
Aus dem Tagebuch HENRY CRABB ROBINSONS wissen wir,
daß Goethe von dem Ossian-Kult, der durch den »Werther«

gefördert wurde, abrückte. Goethe bemerkte: »it was never perceived by the critics that Werther praised Homer while he retained his senses, and Ossian when he was going mad« (vgl. Kap. I, Anm. zu 127,18 *Gesänge Ossians*).

»Werther« gehörte zur Lieblingslektüre Napoleons. Der Titel steht im Verzeichnis der »Bibliothèque de camp« unter der Abteilung »Romans« nach ›Voltaire‹ und ›Heloïse‹ an dritter Stelle. Als GOETHE und Napoleon am 2. Oktober 1808 auf dem Erfurter Fürstentag zum erstenmal zusammentrafen, sprachen sie über das Buch:

»Er [Napoleon] wandte sodann das Gespräch auf den ›Werther‹, den er durch und durch mochte studirt haben. Nach verschiedenen ganz richtigen Bemerkungen bezeichnete er eine gewisse Stelle und sagte: Warum habt Ihr das gethan? es ist nicht naturgemäss, welches er weitläufig und vollkommen richtig auseinander setzte.
Ich hörte ihm mit heiterem Gesichte zu und antwortete mit einem vergnügten Lächeln: dass ich zwar nicht wisse, ob mir irgend jemand denselben Vorwurf gemacht habe; aber ich finde ihn ganz richtig und gestehe, dass an dieser Stelle etwas Unwahres nachzuweisen sei. Allein, setzte ich hinzu, es wäre dem Dichter vielleicht zu verzeihen, wenn er sich eines nicht leicht zu entdeckenden Kunstgriffs bediene um gewisse Wirkungen hervorzubringen, die er auf einem einfachen natürlichen Wege nicht hätte erreichen können.
Der Kaiser schien damit zufrieden. [...]«

Gräf I. S. 660 f.

Diesen Bericht hat Goethe sechzehn Jahre nach der Begegnung mit Napoleon abgefaßt. Wie hier hat er stets den Kern der Kritik Napoleons im dunkeln gelassen. Etwas mehr erfahren wir durch Kanzler FRIEDRICH VON MÜLLER 1779–1849), den Goethe unmittelbar nach dem Gespräch über den Verlauf unterrichtet hatte; er schreibt:

›October 2, Vormittags nach 11 Uhr, Erfurt.
›Werthers Leiden‹ versicherte er [Napoleon], siebenmal gele-

sen zu haben und machte zum Beweise dessen eine tief ein-
dringende Analyse dieses Romans, wobei er jedoch an gewis-
sen Stellen eine Vermischung der Motive des gekränkten Ehr-
geizes mit denen der leidenschaftlichen Liebe finden wollte.
›Das ist nicht naturgemäss und schwächt bei dem Leser die
Vorstellung von dem übermachtigen Einfluss, den die Liebe
auf Werther gehabt. Warum haben Sie das gethan?‹
Goethe fand die weitere Begründung dieses kaiserlichen
Tadels so richtig und scharfsinnig, dass er ihn späterhin oft-
mals gegen mich [Kanzler von Müller] mit dem Gutachten
eines kunstverständigen Kleidermachers verglich, der an
einem angeblich ohne Naht gearbeiteten Aermel sobald die
fein versteckte Naht entdeckt.
Dem Kaiser erwiderte er: es habe ihm noch niemand diesen
Vorwurf gemacht, allein er müsse ihn als ganz richtig aner-
kennen; einem Dichter dürfte jedoch zu verzeihen sein, wenn
er sich mitunter eines nicht leicht zu entdeckenden Kunstgriffs bediene, um eine gewisse Wirkung hervorzubringen,
die er auf einfachem, natürlichem Wege nicht hervorbringen
zu können glaube.«

Ebd. S. 579 f

Offen bleiben die Fragen, ob Napoleon nur die erste Fassung
des Romans kannte, in der das Motiv der gekränkten Ehre
stärker hervortritt, ob Goethe sich nur aus Höflichkeit zu
dieser Fassung bekannte und darum Herders Äußerungen zu
diesem Punkt, Madame de Staëls Brief vom 28. April 179?
und Humboldts Brief vom 30. Mai 1800 absichtlich außer
acht ließ. Oder hatte Napoleon überhaupt etwas anderes
getadelt, da das Naturgemäße der doppelten Beweggründe
doch zumindest für Goethe durch Jerusalems Schicksal
bewiesen war? Und was wäre der nicht leicht zu entdeckende
Kunstgriff? – Goethe wollte sich darüber nicht erklären; so
bleibt sein bedeutsamstes Gespräch über den »Werther« rät-
selhaft.

4. Die Wertheriaden

»Werther« war Goethes größter Bucherfolg. Die Erstfassung
wurde bis 1790 etwa dreißigmal, die Zweitfassung etwa fünf-
undzwanzigmal zu Goethes Lebzeiten gedruckt. Hinzu
kommen zahlreiche Übersetzungen. Die erste französische
Übersetzung erschien 1775, die erste englische 1779, die italienische 1781.

Die Diskussion um die »Leiden des jungen Werthers« blieb
nicht auf öffentliche Buchbesprechungen oder private Gespräche und Briefwechsel beschränkt. Der Roman erzeugte
sofort eine Flut nachschaffender Auseinandersetzungen.
Goedekes Bibliographie (s. Kap. VII,8) verzeichnet für die
Zeit bis 1909 allein in Deutschland über 140 Titel. Der ersten
französischen Übersetzung folgten schon bis 1797 etwa 15
weitere Ausgaben und Bearbeitungen.

Immer wieder wurde der Stoff aufgegriffen und umgeformt.
Mit »Werther« beschäftigten sich Romane, Dramen, Gedichte, Briefsammlungen, Opern, Operetten, Parodien,
Bänkelsang, Volkstheater, Posse, Harlekinade, Ballett und
ein Feuerwerk mit dem Titel »Werthers Zusammenkunft mit
Lottchen im Elysium«. Darstellungen der Figuren und Sze-
nen aus dem Roman wurden in Öl gemalt, in Kupfer gesto-
chen und auf Porzellan gebrannt. Man kleidete sich wie Wer-
ther und Lotte und nahm ein Parfum mit dem Namen »Eau de
Werther«. Weltschmerz wurde so modern, daß man vom
›Werther-Fieber‹ sprach und fürchtete, die hartnäckigsten
Werther-Anhänger würden auch vor dem Selbstmord nicht
haltmachen. Tatsächlich ertränkte sich am 16. Januar 1778
Christel von Laßberg mit dem »Werther« in der Tasche in der
Ilm.

Von den vielen literarischen Nachahmungen indessen
erreichten auch die ernsthaftesten nicht den Rang des Vorbil-
des. Meist wurde der Konflikt Werthers auf die Liebe eines
jungen Mannes zu einer verheirateten Frau vereinfacht oder,
weil sich daran die Gemüter erhitzten, zum Anlaß einer Erörterung über den Selbstmord genommen, wobei der Ausgang

der Geschichte den Standpunkt des Verfassers dokumen-
tierte.

Der außerordentlich rührige Berliner Buchhändler FRIED-
RICH NICOLAI (1733–1811), der als Verleger, Rezensent,
Schriftsteller und Herausgeber der »Bibliothek der schönen
Wissenschaften und freyen Künste« zu allen literarischen und
philosophischen Fragen der Zeit Stellung nahm, fühlte sich
als Verfechter des Rationalismus aufgerufen, die Jugend vor
schwärmerischer Empfindsamkeit und Geniegläubigkeit zu
warnen. Er beeilte sich, jenes zynische Schlußkapitelchen
zum »Werther« zu liefern, nach dem Lessing in seinem Brief
an Eschenburg verlangt hatte (s. S. 147 f.). Die »Freuden des
jungen Werthers. Leiden und Freuden Werthers des Mannes.
Voran und zuletzt ein Gespräch«, Berlin, bei Friedrich Nicolai, 1775, sind allerdings mehr als eine Parodie. Sie enthalten
im Grunde das ernst gemeinte Gegenprogramm eines flachen
Nützlichkeitsdenkers jener popularisierten Aufklärung,
gegen die sich die Stürmer und Dränger gerade mit Eifer
wandten.

Die »Freuden« beginnen und enden mit einem Gespräch zwischen Hanns, dem geniebegeisterten Jüngling, und Martin,
dem vernünftigen Mann. Martin schmäht Hanns und seines-
gleichen, die glauben, Werther sei als Vorbild zu verstehen; er
kritisiert Werther und will Hanns mit einer Geschichte
beweisen, daß Werther auch ganz anders hätte enden können:
vorausgesetzt, Albert und Lotte seien noch nicht verheiratet
gewesen, als Albert des lang verschobenen Geschäfts wegen
wegritt, dann hätte die Geschichte (S. 145) so verlaufen
können:

Freuden des jungen Werthers

Als Albert aus seinem Zimmer* zurückkam, wo er mehr hin-
und hergegangen war und sich gesammelt, als seine Pakete
durchgesehen hatte, kam er wieder zu Lotten und fragte lä-
chelnd:

---

* S[iehe] die Leiden des jungen Werthers zweiter Teil. S. 214 [= S. 145].

»Und was wollte Werther? Sie wußten ja so gewiß, daß er vor
Weihnachtsabends nicht wiederkommen würde!«

Nach Hin- und Widerreden gestand Lotte, aufrichtig wie ein
edles deutsches Mädchen, den ganzen Vorgang des gestrigen
Abends.* Indem sie's aber gesagt hatte, bangte sie auch
schon, sie möchte, aus Unkunde zu lügen, ihm Wermut
gereicht haben.

Nein, sagte Albert sehr ruhig: Sie haben Balsam in meine
Seele gegossen. Sie verleugnen auch hierin Ihr edles Herz
nicht. Aber ein wenig unüberlegt haben Sie gehandelt, meine
liebe Lotte. Sie hatten ihm, wie ich merke, ein Versprechen
abgezwungen, daß er vor Weihnachtsabend nicht wieder
kommen wollte. Sie wollten mich dadurch beruhigen, weil
Sie wußten, daß ich verreisen mußte, weil Sie, liebste Lotte,
meine Eifersucht gemerkt hatten, die ich gern vor mir selbst
verborgen hätte. Ich danke Ihnen dafür. *Er küßte ihr die
Hand.* Aber da nun Werther wider sein Versprechen sich
eindrang, so hätten Sie sich nicht so vertraulich mit ihm aufs
Kanapee setzen und unter vier Augen in Büchern lesen sollen.
Sie verließen sich auf die Reinheit Ihres Herzens.** Dies ist
für ein Mädchen ein sehr edles Bewußtsein. Aber da denkt der
beste Kerl nicht dran, zumal wenn die Liebe Hindernisse
find't und die Zeit kostbar ist. O Weiber! Macht's dem besten
Buben weiß, daß er euch ein Versprechen ungestraft brechen
darf, und er wird mehrere brechen wollen. – So haben Sie's,
liebste Lotte, ohn's zu denken, selbst so eingeleitet, daß Sie
sich ins Kabinett verschließen mußten. – Die Scene war wirklich stark –

Lotte weinte bitterlich.

Albert nahm sie bei der Hand und sagte sehr ernsthaft: Beruhigen Sie sich, liebstes Kind. Sie lieben den Jungen, er ist's
wert, daß Sie ihn lieben, Sie haben's ihm gesagt, mit dem
Munde oder mit den Augen, 's ist einerlei. –

Lotte fiel ihm schluchzend in die Rede, beteuerte, daß sie ihn

* S. 190–207 [= S. 130–140].
** S. 192 [= S. 130].

nicht liebe, daß er vielmehr nach der letzten Scene ihren Haß
verdiene, daß sie ihn verabscheue. – –
Verabscheuen? das ist etwas, liebstes Lottchen, das lautet so,
als ob Sie ihn noch liebten. Hätten Sie ganz gelassen gesagt,
der Bursch wäre ihnen gleichgültig, so hätte ich ganz still
geschwiegen, so hätte ich Ihnen nicht gesagt, daß ich wechselseitige Liebe nicht stören will, daß ich alle Ansprüche –
Großer Gott! rief Lotte laut schluchzend, indem sie sich das
Gesicht mit dem Schnupftuche bedeckte, wie können Sie
meiner so grausam spotten? Bin ich nicht Ihre Verlobte? Ja er
soll mir sein was Sie wollen, gleichgültig! verabscheuungs-
würdig! so gleichgültig als – –
Als ich selbst? rief Albert. Das wäre für mich gut, aber nicht
für ihn. Für mich wäre unter diesen Umständen –
Indem kam der Knabe, der Werthers Zettelchen* brachte,
worin er Alberten um die Pistolen bat.
Albert las den Zettel. Murmelte vor sich: der Querkopf! ging
in sein Zimmer, ergriff die Pistolen, lud sie selbst und gab sie
dem Knaben: Da! bring sie, sagt' er, deinem Herrn. Sage ihm,
er soll sich wohl damit in acht nehmen, sie wären geladen.
Und ich ließe ihm eine glückliche Reise wünschen.
Lotte staunte – Albert erklärte ihr nun weitläufig, er gebe
nach reifer Überlegung alle Ansprüche an sie auf. Er wolle
eine zärtliche wechselseitige Liebe nicht stören. Er wolle
sie beide und sich selbst nicht unglücklich machen. Aber er
wolle ihr Freund bleiben. Er wolle selbst Werthers wegen
sogleich an ihren Vater schreiben, das solle sie auch thun,
und Werthern eher nichts sagen, bis sie Antwort erhalten
habe.
Lotte, nach vielen Umschweifen, nach vieler weiblichen
Zurückhaltung, gestand ihre herzliche Liebe zu Werthern,
nahm Alberts Vorschlag dankbar an, und ging in ihr Zimmer,
um zu schreiben.
Im Weggehen kehrte sie noch um, und äußerte eine ängstliche
Besorgnis wegen der Pistolen.

* S. 212 [in der Erstausgabe recte S. 213 = S. 143 und 145].

Seien Sie ruhig, Kind! Wer sich von seinem Nebenbuhler Pistolen fordert, erschießt sich nicht. Und wenn er allenfalls – –

So schieden sie von einander.

Werther erhielt indessen die Pistolen, setzte eine vor den Kopf, drückte los, fiel zurück auf den Boden. Die Nachbarn liefen zu, und weil man noch Leben an ihm verspürte, ward er auf sein Bette gelegt.

Indessen wurden Werthers zwei letzte Briefe* an Lotten und der Brief an Alberten** dem letztern gebracht, und zugleich erscholl die Nachricht von Werthers trauriger That. Albert ließ dieselbe vor Lotten verbergen, las die sämtlichen Briefe, und ging ungesäumt nach Werthers Wohnung.

Er fand ihn auf dem Bette liegend, das Gesicht und das Kleid mit Blut bedeckt. Er hatte eine Art von Konvulsionen gehabt, und nun lag er ruhig mit stillem Röcheln.

Die Umstehenden traten weg ind ließen beide allein.

Werther hob die Hand ein wenig empor und bot sie Alberten. Nun triumphiere, sagte er, ich bin nun aus deinem Wege!

Ich komme nicht zu triumphieren, sprach Albert ruhig, sondern dich zu bedauern, und wenn's möglich ist, dich zu trösten. Aber du bist rasch gewesen, Werther –

Werther stieß, für einen so Hartverwundeten beinahe mit zu heftiger Stimme, viel unzusammenhängendes garstiges Gewäsche aus, zum Lobe*** des süßen Gefühls der Freiheit diesen Kerker zu verlassen, wenn man will.

ALBERT. Dies ist, lieber Werther, ebenso wie die Freiheit dies Glas zu zerbrechen, eine Freiheit, der man sich nicht bedienen muß, weil sie nicht nützt, sondern schadet.

WERTHER. Heb dich von mir, vernünftiger Mensch! du bist zu kaltblütig, so einen Entschluß auch nur von fern zu denken!

ALBERT. Ja freilich, so kaltblütig bin ich, und dabei ist mir

---

* S. 185. 209 [= S. 126, 140].
** S. 218 [= S. 147].
*** S. 19 [= S. 14].

recht wohl zu Mute! Meinst etwa, 's wäre 'n edler großer
Entschluß? Bild'st dir ein, 's wäre Kraft und That drin? Geh!
bist 'n weichlicher Zärtling. Kannst aus der Mutter Natur
Schublade, wenn's dir einfällt, nicht eben Zuckerwerk genug
naschen,* so wild gleich aus 'r Haut fahren, denkst, sie giebt
dir nie wieder Zucker.

WERTHER. O des weisen Vernünftlers! Und doch weißt du's,
Mensch. 's war keine Hilfe da. Ich konnte nicht besitzen, was
ich liebte. Und nun, *Er schlug die Hand übers Gesicht.* was
kümmert mich Welt und Natur.

ALBERT. Armer Thor, der du alles so gering achtest, weil du so
klein bist!** Konnt'st nicht? 's war keine Hilfe da? Konnt'
nicht ich, der ich dich liebe, weil ein braver Junge bist, dir
Lotten abtreten. Faß 'n Mut, Werther! ich will's noch itzt
thun.

Werther richtete sich halb auf: Wie? Was? du könntest, du
wolltest! – Schweig Unglücklicher! – deine Arznei ist Gift. –
Denn was hülf's? – *Er sank wieder zurück.* Nein! 's ist auch
nichts. – Du bist ein boshafter. – Wer kalt ist, ist boshaft –
Hast dir's abstrahiert, wie du mich bis aufs Ende quälen
willt.

ALBERT. Guter Werther, bist 'n Thor! Wenn doch kalte
Abstraktion nicht klüger wäre, als versengte Einbildung. –
Da laß dir's Blut abwischen. Sah ich nicht, daß du'n Quer-
kopf warst, und würd'st deinen bösen Willen haben wollen.
Da lud ich dir die Pistolen mit 'ner Blase voll Blut, 's von 'em
Huhn, das heute Abend mit Lotten verzehren sollt.

Werther sprang auf: Seligkeit – Wonne – usw. – Er umarmte
Alberten. Er wollte es noch kaum glauben, daß sein Freund
so großmütig gegen ihn handeln könne.

Albert sagte: Sprich nicht von Großmut; ein bischen kalte
Vernunft thut's meiste, und den Rest thut's, daß ich'n Jungen
liebe, wie du, in dem's liegt, noch viel zu schaffen. Das Ding
mit dir und Lotten hat mir schon lang gewurmt. 's gefiel mir
schon nicht, als du in dem geschloßnen Plätzchen, hinter den

* S. 12 [= S. 9].
** S. 93 [= S. 61].

hohen Buchenwänden, dich zu ihren Füßen warfst;* so un-
befangen du dabei schienst, so war's doch ein so romantisch-
feierliches Ding, das 'nem Bräutigam nicht in' Kopf will.
Darüber habe ich denn allerlei hin- und hergedacht. Du wirst
dich noch erinnern, wie sich Unmut und Unwillen aneinan-
der vermehrten,** als du am Sonntage so ungebeten dablei-
ben wolltest. Dem sann ich auch nach, und machte mir die
leidige Abstraktion, daß meine Braut dich liebte. Du hältst
mich für kalt, Werther, und ich bin's auch, wenn's Zeit ist,
aber so warm bin ich doch, daß ich herzlich liebe und herzliche Gegenliebe verlange. Ich sah also, ich konnte mit Lotten
nicht glücklich sein. Mein Entschluß war schon unterweges
gefaßt, euch glücklich zu machen, weil ich selbst nicht glücklich sein konnte. Nun kam noch die gestrige Scene dazu.
Lotte hat sie mir erzählt! Hör' Werther, 's 'st 'ne starke Scene!
Und ich hab' auch dein'n Brief an Lotten*** drüber gelesen.
Hör' Werther, 's Ding 'st nu so! so!
Werther rief: Was meinstu? Meine Liebe ist rein wie die
Sonne – Lotte ist ein Engel – vor dem alle Begierden schwei-
gen. –
Albert sagte: Ich glaub 's ja! Aber, hör Werther, hätt'st 's
auch wohl schreiben können, in dem letzten Briefe, worauf
du sterben wolltest.
Und so gingen sie zum Abendessen.
In wenigen Monaten ward Werthers und Lottens Hochzeit
vollzogen. Ihre ganze Tage waren Liebe, warm und heiter wie
die Frühlingstage, in denen sie lebten. Sie lasen auch noch
zusammen Ossians Gedichte, aber nicht Selmas Gesang****
oder den traurigen Tod der schönäugigten Dar-Thula, sondern ein wonniglich Minnelied von der Liebe der reizenden
Colna-Dona, »deren Augen rollende Sterne waren, ihre
Arme weiß wie Schaum des Stroms, und deren Brust sich
sanft hob, wie eine Welle aus dem ruhigen Meere«.

* S. 108 [= S. 69].
** S. 184 [= S. 125].
*** S. 209, 212 [= S. 140, 142].
**** S. 193 f. [= S. 130].

Nach zehn Monaten war die Geburt eines Sohns die Losung
unaussprechlicher Freude.

Friedrich Nicolai: Freuden des jungen Werthers.
[...]. Zit. nach dem Wiederabdr. des vollständi-
gen Textes in: Lessings Jugendfreunde. Chr. Felix
Weiße [...] Friedrich Nicolai. Hrsg. von Jacob
Minor. (Deutsche National-Litteratur. Hrsg. von
J. Kürschner. Bd. 72.) Berlin/Stuttgart: W. Spe-
mann, [o. J.]. S. 373–377.

Nach diesem blutigen Spektakel wird Werther mit Lotten in
die Schule des Lebens geschickt. Das verursacht zunächst die
»Leiden Werthers des Mannes«:
Lotte erkrankt, ihr Kind stirbt, Werther muß sich in ein Amt
fügen und hart arbeiten. Dadurch fühlt sich Lotte vernachläs-
sigt und macht Werther mit einem jungen Gecken eifersüchtig, einem zweiten Werther, mit dem Nicolai auf den Dichter
Lenz anspielt. Lotte und Werther scheiden sich von Tisch
und Bett, doch Albert versöhnt sie wieder.
Endlich zur Vernunft gebracht, bleiben »die Freuden« nicht
aus. Werther und Lotte werden wohlhabend und kaufen ein
Bauerngütchen. Da kommt wieder ein Originalgenie und
stört die Idylle, indem es eine Phantasielandschaft anlegt und
einen Wasserfall über Werthers Felder leitet. Aber Werther
braust nicht auf, sondern verkauft dem Kerl sein Land und
zieht mit der Erkenntnis fort: »ein Genie ist ein schlechter
Nachbar« (Nicolai, ebd., S. 384).
»Hm! sagte Hans [sic], hol' mich 'r Henker, 's hätte doch
auch so kommen können. [...] Hast traun recht, 'ch schieß
mich nicht!«[9] (Nicolai, ebd., S. 386.)
Nicolai rennt mit seiner Parodie im Grunde eine offene Tür
ein, denn gerade der pathologisch zwanghafte Zug in Werthers Charakter, an dem Nicolai vorbeiging, stellt Werther als
Vorbild viel gründlicher in Frage, als es das parodistische
Gegenbild vermag. Selbst wenn alles Werther-Wesen wirklich bloße Dummheit gewesen wäre, hätten die flüchtigen

---

9 Die übermäßig verkürzte Sprache parodiert den Stil des Sturm und Drang.

Vernünfteleien kaum überzeugen können, denn Nicolais
Geschichte beweist kaum mehr, als daß man in einem Roman
die Bedingungen ändern kann: Albert gibt Lotte her; und die
Vernunft, die keineswegs den eigentlichen Konflikt löst,
macht reich und froh, wenn Autor Nicolai den Faden spinnt –
zwingend folgt das nicht.

Goethe las das dürftige Werkchen, das richtungweisend die
Reihe der kritischen Wertheriaden eröffnete. Amüsiert und
nur zum eigenen Vergnügen knüpfte er an Nicolais Patentlö-
sung an und schrieb im Februar 1775 einen Prosadialog zwischen Lotte und Werther.[10] Den Inhalt faßte er selbst in
»Dichtung und Wahrheit« III,13 zusammen:

»Werther beschwert sich bitterlich, daß die Erlösung durch
Hühnerblut so schlecht abgelaufen. Er ist zwar am Leben
geblieben, hat sich aber die Augen ausgeschossen. Nun ist er
in Verzweiflung, ihr [Lottes] Gatte zu sein und sie nicht sehen
zu können, da ihm der Anblick ihres Gesamtwesens fast lieber wäre, als die süßen Einzelheiten, deren er sich durchs
Gefühl versichern darf. Lotten, wie man sie kennt, ist mit
einem blinden Manne auch nicht sonderlich geholfen, und so
findet sich Gelegenheit, Nicolais Beginnen höchlich zu schelten, daß er sich ganz unberufen in fremde Angelegenheiten
mische.«

HA IX. S. 591.

Der große Erfolg des »Werther« bei der Jugend beruhte, wie
Goethe in »Dichtung und Wahrheit«[11] selbst dargelegt, zum
Teil auf der eigenartigen Gestimmtheit dieser Leserschaft.
Die zeitgenössische Jugend schätzte nicht nur Macphersons
»Ossian« und Shakespeares »Hamlet«, der in Wielands Über-
setzung von 1766 bekannt wurde, sondern sie erklärte sich
vor allem mit der englischen ›graveyard poetry‹ einig, jenen
Weltschmerzdichtungen, die in der Nachfolge von Robert
Blair und Edward Young entstanden.[12] Aus diesem Geist

10 Der Text wurde erst 1862 veröffentlicht.
11 13. Buch; HA IX, S. 579–583.
12 Blair (1699–1746) hing in dem Gedicht »The Grave« (1743; 800 Blankverse)
   Gedanken über Tod, schmerzlichen Verlust und Grabeseinsamkeit nach;

verfaßten Werther-Schwärmer nun lyrische Klagen am Grab
ihres neuen tragischen Vertreters.
Noch im Erscheinungsjahr 1774 dichtete JAKOB MICHAEL
REINHOLD LENZ (1751–92) Klagen Lottes um Werthers Tod.
Das bekannteste der zahlreichen Klagelieder wurde CARL
ERNST VON REITZENSTEINS Gedicht von 1775:

Lotte bei Werthers Grabe

Ausgelitten hast du – ausgerungen,
Armer Jüngling, deinen Todesstreit;
Abgeblutet die Beleidigungen
Und gebüßt für deine Zärtlichkeit!
O warum – O! daß ich dir gefallen!
Hätte nie mein Auge dich erblickt,
Hätte nimmer von den Mädchen allen
Das verlobte Mädchen dich entzückt!
Jede Freude, meiner Seelen Frieden
Ist dahin, auch ohne Wiederkehr!
Ruh und Glücke sind von mir geschieden,
Und mein Albert liebt mich nun nicht mehr.
Einsam weil’ ich auf der Rasenstelle,
Wo uns oft der späte Mond belauscht,
Jammernd irr ich an der Silberquelle,
Die uns lieblich Wonne zugerauscht;
Bis zum Lager, wo ich träum und leide,
Ängsten Schrecken meine Phantasie;
Blutig wandelst du im Sterbekleide
Mit den Waffen, die ich selbst dir lieh.
Dann erwach ich bebend – und ersticke
Noch den Seufzer, der mir schon entrann,
Bis ich weg von Alberts finstern Blicke
Mich zu deinem Grabe stehlen kann.

desgleichen Young (1683–1765) in »The Complaint, or Night Thoughts on
Life, Death, and Immortality« (1742–45; 10000 Blankverse, 1751 von Ebert
übersetzt) und Thomas Gray (1716–71) in der »Elegy Written in a Country
Church Yard« (1751; von Gotter 1771 übersetzt).

Heilige, mit frommen kalten Herzen,
Gehn vorüber und – verdammen dich:
Ich allein, ich fühle deine Schmerzen,
Teures Opfer, und beweine dich!
Werde weinen noch am letzten Tage,
Wenn der Richter unsre Tage wiegt,
Und nun offen auf der furchtbarn Wage
Deine Schuld und deine Liebe liegt:
Dann, wo Lotte jenen süßen Trieben
Gern begegnet, die sie hier verwarf,
Vor den Engeln ihren Werther lieben
Und ihr Albert nicht mehr zürnen darf:
Dann, o! dräng ich zu des Thrones Stufen
Mich an meines Alberts Seite zu,
Rufen wird er selbst, versöhnet rufen:
Ich vergeb ihm: O, verschone du!
Und der Richter wird Verschonung winken;
Ruh empfängst du nach der langen Pein,
Und in einer Myrtenlaube trinken
Wir die Seligkeit des Himmels ein.

Zit. nach: Fritz Adolf Hünich: Die deutschen
Werther-Gedichte. In: Jahrbuch der Sammlung
Kippenberg. Bd. 1. Leipzig: Insel-Verlag, 1921.
S. 187 f.

Dieses Gedicht wurde zu nächtlicher Feierstunde an Jerusalems vermeintlichem Grab in Wetzlar gesungen. Das »Jahrbuch der Sammlung Kippenberg« von 1921 und 1925 enthält 59 deutsche Werther-Gedichte, deren größter Teil sehr ähnliche Töne anschlägt.

Der Dichter LENZ ließ es mit seiner Werther-Auflage nicht bewenden. Er schrieb Anfang 1775 zehn »Briefe über die Moralität der Leiden des jungen Werthers«, in denen er mehr mit dem Herzen als mit dem Verstand Goethes Roman gegen die Angriffe der Kritik und gegen Nicolais Parodie verteidigt. Die Briefe blieben, wohl auf Jacobis Rat hin, unveröffentlicht. Sie gingen verloren und wurden erst 1918 wieder aufgefunden.

Auch Lenzens Prosadichtung »Der Waldbruder, ein Pendant zu Werthers Leiden«, 1776 in Bad Berka unter Verwendung originaler Briefe von Goethe und Lenz entstanden, wurde erst 1797 postum durch Schiller im dritten Jahrgang der »Horen«[13] veröffentlicht. Unter den Namen Herz, Rothe und Stella verbergen sich Lenz, Goethe und Henriette von Waldner. Das Fragment besteht aus 32 Briefen sieben verschiedener Verfasser und vermittelt folgende Geschichte:

Die häßliche, aber wohlhabende Witwe Hohl betört den empfindsamen Romantiker Herz mit den Briefen einer Gräfin Stella. Die Witwe verheimlicht, daß Gräfin Stella dem ältlichen Oberst Plettenberg verlobt ist. Sie möchte, daß Herz »sich ganz und gar an unsichtbare Vorzüge gewöhnte und wenn er sähe, daß seine Leidenschaft für die Gräfin eine bloße Schimäre sei, *sie* als ihre vertrauteste Freundin an ihre Stelle setzte«.

Herz versucht, Gräfin Stella zu sehen, um ihre Freundschaft zu gewinnen. Er wird von der Gesellschaft verspottet, weil er eine andere für die Gräfin hält, sie verfolgt, dabei seine Geldmittel erschöpft und endlich als Waldbruder in eine Einsiedelei zieht.

Durch Rothe erfährt Gräfin Stella von Herzens Kummer. Sie ist gerührt und verspricht Herz – nur daß er aus dem Wald zurückkomme –, ihn bei der Witwe Hohl zu treffen. Herz ist selig.

Die Gräfin und Rothe überlegen, wie ihm weiter zu helfen sei. Sie unterrichten den Oberst, der in hessischen Diensten noch einmal in Amerika gegen die Kolonisten zu Felde ziehen will, damit er zum General befördert werden und endlich um Stellas Hand anhalten kann. Der Oberst trägt Herz an, er möge ihn als Adjutant begleiten. Herz sagt zu.

Außerdem veranlaßt Rothe die Gräfin, sich malen zu lassen, damit Herz ihr Bild mitnehmen kann. Weil aber der Oberst

13 »Horen«, Jg. 3 (1797) Bd. 10, St. 4, S. 85–102, und St. 5, S. 1–30.

davon nichts wissen soll, sagt man der Witwe Hohl, bei der
das Bild gemalt wird, es sei für Rothes Sammlung bestimmt.
Das Bild verschwindet, und Herz, der noch immer nichts von
Gräfin Stellas Verlobung weiß, verdächtigt Freund Rothe,
das Bild an sich gebracht zu haben.

Beim Oberst klärt sich das Mißverständnis auf. Der Oberst
ist so taktvoll, sich nicht als Verlobter der Gräfin zu erkennen
zu geben und das Bild von Herz zurückzufordern. Die letzten Sätze in seinem Brief an Rothe deuten sogar an, daß Herzens hochgreifende Hoffnungen möglicherweise doch noch
erfüllt werden könnten. Das Alter stimmt den Oberst be-
denklich.

Wieder war ein geringerer als Lenz viel erfolgreicher. Der
Hainbündler JOHANN MARTIN MILLER (1750–1814), der sich
zunächst mit einem »Beitrag zur Geschichte der Zärtlichkeit«
(1776) versucht hatte, brachte im selben Jahr »Siegwart, eine
Klostergeschichte« auf den Markt. Dieser Roman, der in der
zweiten Auflage von 1777 fast 1000 Seiten erreichte, war so
beliebt, daß er bald mit »Werther« in einem Atemzug genannt
wurde.

Xaver Siegwart, der jüngste Sohn eines schwäbischen Amt-
mannes, möchte Mönch werden. Er wird nach Günzburg auf
die Schule geschickt und gewinnt dort die Freundschaft des
jungen von Kronhelm. Kronhelm verliebt sich in Siegwarts
Schwester Therese, aber eine neidische Schwägerin verrät die
Liebe zwischen Kronhelm und der bürgerlichen Therese an
Kronhelms Vater, Junker Veit. Dieser verbietet unter fürch-
terlichen Flüchen und Todesdrohungen den Briefwechsel
zwischen den Liebenden.

Kronhelm geht zur Universität in Ingolstadt; ein Jahr darauf
folgt ihm Siegwart, der sich dort in Marianne, die Tochter des
stolzen Hofrats Fischer, verliebt. Er nähert sich ihr in Haus-
konzerten, Bällen und Gartenstündchen und ist bereit, um
ihretwillen vom zölibatären Theologiestudium zum Jurastu-
dium zu wechseln.

Plötzlich ruft Junker Veit seinen Sohn zu sich, um ihn mit
List und Gewalt dem adligen Fräulein Regine Stellmann zu
verheiraten. Kronhelm entspringt durch die Hintertür, als
der Pfarrer erscheint, und Veit, der hinter seinem Sohn drein-
schießt, stürzt bei der Verfolgung tödlich vom Pferd.
Kronhelm heiratet Therese.
Nun will Hofrat Fischer seine Tochter in die Ehe mit Hofrat
Schrager prügeln, so daß der bedrängten Marianne nur der
Ausweg ins Kloster bleibt. In Abwesenheit Siegwarts ver-
schwindet sie hinter Klostermauern. Siegwart sucht sie und
erfährt im Augenblick, da er sie entführen will, daß sie in den
letzten Zügen liege. Er glaubt sie tot und wird nun doch
Kapuzinermönch. Als er vier Jahre später ans Sterbebett einer
Nonne gerufen wird, erkennt er in der Sterbenden Marianne.
Siegwart stirbt selbst an gebrochenem Herzen im Mond-
schein auf ihrem Grab.

Miller hat in seiner rührseligen und tränenreichen Klostergeschichte die beliebtesten Werther-Motive vielfach wiederholt
und abgewandelt. Siegwart ist im gesteigerten Maße mit
Werther-Zügen ausgestattet: passiv, gefühlvoll, zu vorbehaltloser Seelenoffenbarung bereit, von unorthodoxer Reli-
giosität, gesellschaftskritisch und kulturpessimistisch. Er hat
eine entschiedene Vorliebe für Kinder, einfache Leute und die
Natur und einen Hang zur Einsiedelei, denn er ist fast aus-
schließlicher noch als Werther der unglücklich Liebende.
Die Todessehnsucht und die katholisierende Neigung des
Helden, die größere mediale Bedeutung der Musik sowie die
lockere Form des Romans mit häufigem Wechsel zwischen
epischer und lyrischer Prosa, Briefen, Dialogen und einge-
streuten Gedichten weisen bereits auf die Romantik
voraus.

August Cornelius Stockmann, Professor der Rechte in
Leipzig, versuchte unter dem Titel »Die Leiden der jungen
Wertherinn« (1775) Goethes Roman aus dem Blickwinkel
Lottes nachzubilden. Wie Nicolai hielt er sich eng an Goethes

Text. Die Figuren sprechen oft in Originalzitaten, so daß es, ganz von der einfältigen Behandlung abgesehen, nicht einmal zu einem wirklichen Wechsel der Perspektive kommt.

Elf Jahre später verfolgte der Engländer WILLIAM JAMES den gleichen Ansatz mit größerem Geschick in »The Letters of Charlotte During her Connexion with Werter« (1786). An seinen Londoner Verleger Cadell schrieb James:

»›The Sorrows of Werter‹ has gone thro' several editions, and is universally read: the public are perpetually reminded of it by the print shops; and by enquiries at public libraries, I find it is read just as much as ever. [...]›The Letters of Charlotte‹ shall form two vols. of exactly the same size as ›The Sorrows of Werter‹ [...] I am confident that a collection of nonsense, under the same title would at least sell an edition. [...] I trust, the Letters will operate as an antidote to the principles of Werter, which have certainly done much mischief. – You will see I have dedicated them, I think with some propriety, to the Queen; [...] it will contribute very much to the sale.«

Zit. nach: Atkins. S. 39.

Was James über die Verbreitung des »Werther« in England schreibt, ist nicht erfunden. Es gibt mehr englische als deutsche Werther-Gedichte. Ihr größter Teil stammt aus den achtziger Jahren von heute meist unbekannten Dichtern. Die nichtlesende englische Öffentlichkeit konnte »the much-admired Group of The Death of Werter, attended by Charlotte and her Family« im königlichen historischen Wachsfigurenkabinett betrachten oder in den Vauxhall Gardens die Altistin Mrs. Kennedy »The Sorrows of Werter« singen hören (Atkins, S. 21 f.).

Doch obgleich die englische Literatur mit »Hamlet«, »Graveyard poetry« und »Ossian« viel zur Werther-Stimmung beigetragen hatte, zogen vorherrschend konservative Moralanschauung und ausgeprägte Neigung zur Nüchternheit der Werther-Wirkung in England engere Grenzen als etwa in Frankreich. Der amerikanische Dichter HENRY W. LONG-

FELLOW (1807–82) schrieb 1835: »In England and America
the book is sneered at. I think it is not understood« (Atkins,
S. 57).
Bald war Goethes Roman weniger bekannt als WILLIAM M.
THACKERAYS (1811–63) komische Ballade (1853) darüber:

> »Werther had a love for Charlotte,
>   Such as words could never utter,
> Would you know how first he met her?
>   She was cutting bread and butter.
>
> Charlotte was a married lady,
>   And a moral man was Werther,
> And for all the wealth of Indies
>   Would do nothing that might hurt her.
>
> So he sighed and pined and ogled,
>   And his passion boiled and bubbled;
> Till he blew his silly brains out,
>   And no more was by them troubled.
>
> Charlotte, having seen his body
>   Borne before her on a shutter,
> Like a well conducted person
>   Went on cutting bread and butter.«

Zit. nach: Atkins. S. 58.

In Deutschland unternahm AUGUST FRIEDRICH VON GOUÉ
(1743–89), der den Wetzlarer Kreis aus eigener Erfahrung
kannte (s. Kap. III), den ersten Versuch, Jerusalems Schicksal
dramatisch zu gestalten. Sein Stück »Masuren, oder der junge
Werther, ein Trauerspiel aus dem Illyrischen« (1775) bekam
eine schlechte Kritik. Von dem halben Dutzend nachfolgen-
der deutscher Werther-Dramen ist keines nennenswert. Das
erfolgreichste, oft übersetzte und nachgeahmte Drama war
»Les Malheurs de l'Amour Drame« (1775) von dem Schweizer JOHANN RUDOLF SINNER (1730–87).[14]

---

14 Das anonym veröffentlichte Schauspiel wird auch Vinzenz Bernhard Tschar-
    ner (1728–78) zugeschrieben. Die deutsche Übersetzung »Werther oder die

In dieser Prosatragödie besucht Manstein, so heißt die Wer-
ther-Figur, auf der Reise nach Italien einen befreundeten
Geistlichen. Dieser möchte Manstein mit Baron Waldeck,
dessen Tochter Charlotte und deren Gatten Melling bekannt
machen. Manstein möchte die Begegnung vermeiden, da er
Charlotte bereits von einem Ball her kennt, wo er sich in sie
verliebt und, wie er meint, die Eifersucht ihres Gatten be-
merkt hat.
Baron Waldeck und Charlotte schneien herein und überreden
Manstein, mit aufs Schloß zu kommen und an einer Jagd
teilzunehmen.
Auf der Jagd verirrt sich Manstein und kehrt dadurch früher
als die übrige Gesellschaft zum Schloß zurück. Er findet
Charlotte nachdenklich am Klavier: Ihr hat vom Zorn ihres
Gatten und Mansteins Tod geträumt.
Manstein und Charlotte vertreiben sich die Zeit, indem sie
»Le Comte de Comminges«[15], eine rührende Klosterge-
schichte, lesen. Die Lektüre endet damit, daß Charlotte sich
in Tränen auflöst und Manstein ihr zu Füßen sinkt. – In
diesem Augenblick tritt Melling, der Gatte, herein, mit kal-
tem Gruß und befremdender Zurückhaltung.
Des Nachts lassen böse Ahnungen Charlotte nicht schlafen.
Plötzlich bringt der Geistliche die Nachricht von Mansteins
Selbstmord. Mansteins Abschiedsbrief versichert den be-
stürzten Melling der Tugend seiner Gattin. In einem zweiten
Brief bittet Manstein den Geistlichen, ihn unter seinen Lieb-
lingslinden zu bestatten.

Als »Werther« in Frankreich unter dem Ancien Régime, drei
Jahre vor Voltaires und Rousseaus Tod (1778), erschien, das
heißt zu einer Zeit mit noch herrschenden klassizistischen
Formidealen und erst jüngst angefochtener Aufklärungsphi-
losophie, da sah man in Goethes Roman nur eine belanglose

   unglückliche Liebe. Ein Schauspiel in drei Aufzügen« (1776) ist von Christian August Bertram.
15 »Les Mémoires du comte de Comminges« (1735) von Claudine Alexandrine
   Guérin, marquise de Tencin. Goethe und seine Freunde kannten das Buch,
   das Millers »Siegwart« beeinflußte.

deutsche Kleinstadtaffäre. Mit der großen Revolution von 1789 änderte sich diese Meinung. Die anschließende Schrekkensherrschaft der Guillotine, die französische Dichter wie Madame de Staël (1766–1817), Benjamin Constant (1767 bis 1830), Charles Nodier (1780–1844) und François René, Vicomte de Chateaubriand (1768–1848) in die Emigration trieb, ließ die Menschen den Mal de siècle plötzlich so tief empfinden, daß die Begegnung mit dem »Werther« nun manchem zu einem nachhaltigen Erlebnis wurde.

Madame de Staël schrieb an Goethe: »la lecture de werther a fait époque dans ma vie comme un événement personnel« (28. 4. 1800). In ihrer Schrift »De la littérature considérée dans ses rapports avec les institutions sociales« (1800) preist sie den »Werther« als »das Buch par excellence, das die Deutschen besitzen und den Meisterwerken der anderen Sprachen entgegenstellen können«. Die Heldin ihres eigenen Briefromans »Delphine« (1802) ist in ihrer Leidensfähigkeit ein weiblicher Werther. Charles Nodier verfaßte gleich zwei Werther-Romane: »Stella, ou les proscrits« (1802) und, bekannter, »Le peintre de Salzbourg« (1803). Chateaubriand wurde durch seinen kurzen autobiographischen Roman »René« (1802) berühmt. Der Inhalt dieses bleibenden Zeugnisses:

René, früh verwaist, wächst mit seiner Schwester Amelia ohne elterliche Liebe bei Verwandten auf. Er reist nach Italien und Griechenland, meditiert dort auf Gräbern und Ruinen und findet nach seiner Rückkehr die Heimat verändert.
Amelia, die mit ihm die schwermütigen Empfindungen und die Neigung zum Klosterleben geteilt hatte, geht ihm aus dem Weg und will ihn nicht sehen.
René versucht vergeblich mit der gottlosen, verdorbenen Gesellschaft auszukommen und zieht sich bald aus Paris zurück. – In der Einsamkeit reift in ihm der Entschluß zum Freitod. Er ordnet seine Geschäfte, da kommt Amelia, die Verdacht von seinem Vorhaben geschöpft hat, und nimmt ihm den Eid ab, sich nicht zu töten.

Überraschend wie sie kam, reist Amelia wieder ab. Sie hinterläßt einen Brief, in dem sie René mitteilt, daß sie ins Kloster gehe.

René reist ihr nach und erfährt bei der Ordinationszeremonie, daß es ihre Liebe zu ihm ist, die Amelia ins Kloster treibt. In leidenschaftlicher Aufwallung des Gefühls bekennt er, Amelia nicht weniger heiß zu lieben. Während er in Ohnmacht sinkt, wird die Zeremonie vollendet. René sucht danach die Einsamkeit der Wälder Louisianas.

René erzählt diese Geschichte dem Missionar Pater Souël und dem Natchez-Indianer Chactas anläßlich der Nachricht von Amelias Tod.

Wie in Deutschland wehrte sich zunächst auch in Italien der Klerus gegen die Verbreitung des »Werther«:

»›Von meinem ‚Werther‘‹, sagte Goethe, ›erschien sehr bald eine italienische Uebersetzung in Mailand. Aber von der ganzen Auflage war in kurzem auch nicht ein einziges Exemplar mehr zu sehen. Der Bischof war dahintergekommen und hatte die ganze Edition von den Geistlichen in den Gemeinden aufkaufen lassen. Es verdross mich nicht, ich freute mich vielmehr über den klugen Herrn, der sogleich einsah, dass der ‚Werther‘ für die Katholiken ein schlechtes Buch sei, und ich musste ihn loben, dass er auf der Stelle die wirksamsten Mittel ergriffen, es ganz im Stillen wieder aus der Welt zu schaffen.‹«

Johann Peter Eckermann: Gespräche mit Goethe. Zit. nach: Gräf I. S. 686 f.

Das »schlechte Buch« wurde aber dem klugen Bischof zum Trotz bekannt und berühmt. Nach seiner ersten Italienreise (1786–88) klagte Goethe, allerorts als Dichter des »Werther« erkannt und ausgefragt worden zu sein. In den »Römischen Elegien« (1788/89) findet sich folgende Anspielung darauf:

»Fraget nun wen ihr auch wollt! mich werdet ihr nimmer
                              erreichen,
   Schöne Damen und ihr, Herren der feineren Welt!

Ob denn auch Werther gelebt? ob denn auch alles fein wahr
                                sei?
Welche Stadt sich mit Recht Lottens, der Einzigen, rühmt?
Ach wie hab' ich so oft die thörichten Blätter verwünschet,
    Die mein jugendlich Leid unter die Menschen gebracht.
Wäre Werther mein Bruder gewesen, ich hätt' ihn
                                erschlagen,
    Kaum verfolgte mich so rächend sein trauriger Geist.
So verfolgte das Liedchen Malbrough den reisenden Briten
    Erst von Paris nach Livorn, dann von Livorno nach
                                Rom,
Weiter nach Napel hinunter; und wär' er nach Smyrna
                                gesegelt,
    Malbrough! empfing ihn auch dort, Malbrough! im
                                Hafen das Lied[16].
Glücklich bin ich entflohn! sie kennet Werthern und
                                Lotten,
    Kennet den Namen des Manns, der sie sich eignete,
                                kaum.
Sie erkennet in ihm den freien rüstigen Fremden,
    Der in Bergen und Schnee hölzerne Häuser bewohnt.«[17]

Wie LUDWIG TIECK (1773–1853) in seinem Gedicht »Kleines
Theater in der Arena«[18] schildert, hat Werther auch in Italien
den Weg bis ins Volkstheater gefunden. Von den italienischen
Nachdichtungen seien hier nur die seinerzeit beliebte Intri-
genkomödie »Verter« (1794) von ANTONIO SIMONE SOGRAFI
(1759–1818) erwähnt und der wesentlich anspruchsvollere
Roman »Ultime Lettere di Jacopo Ortis« (1799) von UGO

16 Caron de Beaumarchais (1732–99) hatte in seinem Lustspiel »La folle journée
    ou le mariage de Figaro« (1784) für die Romanze des Cherubin (II,4) die
    Melodie des alten Liedes »La Mort de Malbrouck« verwandt. Die Melodie
    war Mitte der achtziger Jahre in Italien ein beliebter Schlager. Vgl. Goethe,
    »Italienische Reise«, Verona, den 17. September 1786.
17 Ursprüngliche Fassung; zit. nach: Gräf I, S. 562–564.
18 »Über eine leicht verregnete Freilichtaufführung 1805? in Verona«, in: L. T.,
    »Reisegedichte – Verse aus Italien«, hrsg. von Georg Witkowski, Berlin
    1925.

FOSCOLO (1778–1827). Foscolo erwies Goethe seine Reverenz, indem er ihm 1802 ein Exemplar seines »Jacopo Ortis« sandte, und Goethe, dem das Buch gefiel, übersetzte einige Briefe daraus ins Deutsche. Der Roman wurde später in der Übertragung von Heinrich Luden als »Die letzten Briefe des Jacopo Ortis« (1807) in Deutschland bekannt.

Der Geist des »Werther« wirkte breiter auf die Dichtungen der Folgezeit, als es die hier aufgeführten Titel zeigen können. Thomas Manns Roman »Lotte in Weimar« (1939) verrät allerdings jene Haltung betrachtender Nachlese des Gebildeten, die fast ausschließlich auf das Historische zielt, so daß man meinen könnte, die Wertherwirkung habe sich im zwanzigsten Jahrhundert endlich erschöpft. Auch der unbefangenere Zeitgenosse, der »Werther« vielleicht zuerst in der Vertonung von Jules Massenet (1842–1912)[19] oder in der Verfilmung durch Karl Heinz Stroux (1908–85) begegnete, mochte zunächst finden, daß Werther keinen Typus unserer Zeit verkörpere. Bei genauerer Betrachtung jedoch wird deutlich, daß der komplexe Kern des Romans die zeitlose Konfliktsituation des heranwachsenden Individuums in der Gesellschaft ist. Die Leiden Werthers entzünden sich an der vom Standpunkt einer idealischen Weltanschauung aus geführten Auseinandersetzung des jungen Menschen zwischen seinem als natürlich empfundenen Anspruch auf Glück und den realen gesellschaftlichen und beruflichen Gegebenheiten. In diesem Sinne konnte der Roman durch ULRICH PLENZDORF (geb. 1934) 1972 erneut aktualisiert werden.

»Die neuen Leiden des jungen W.« (Erstdr. 1972, Buchausg. 1973) schildern in der Form einer Filmerzählung, später als Roman, ein zeitgenössisches Wertherschicksal in der DDR: Edgar Wibeau, Sohn der Werksleiterin und bester Lehrling

---

19 »Werther«, drame lyrique en quatre actes et cinq tableaux (d'après Goethe), poème, par Éd[ouard] Blau, Paul Milliet et Georges Hartmann, musique de J. Massenet, Paris 1893.

des VEB Hydraulik Mittenberg, hat eine Auseinandersetzung mit seinem Ausbilder. Um den erzieherischen Zwängen im Betrieb und zu Hause aus dem Weg zu gehen, taucht er in Ost-Berlin unter. Er haust in einer Wohnlaube im Sanierungsgebiet, tanzt und singt für sich allein, malt abstrakte Bilder und liest in einem gefundenen Reclamheft ohne Titelblatt »Werthers Leiden«. Eines Tages lernt er eine Kindergärtnerin kennen, die er Charlie nennt. Er verliebt sich in sie und berichtet davon seinem Freund Willi, indem er entsprechende Passagen aus dem »Werther« auf Tonband spricht: »kurz und gut / wilhelm / ich habe eine bekanntschaft gemacht / die mein herz näher angeht – einen engel – und doch bin ich nicht imstande / dir zu sagen / wie sie vollkommen ist / warum sie vollkommen ist / genug / sie hat allen meinen sinn gefangengenommen – ende« (Tb.-Ausg. [vgl. S. 182] 1976, S. 17.)

Die Goethetexte (vgl. den Brief vom 16. 6. 71, S. 20 f.) stehen im Gegensatz zu dem Teenager-Jargon des Icherzählers nach dem Vorbild von Jerome D. Salingers »The Catcher in the Rye« (1951). – Als Charlies Verlobter vom Wehrdienst zurückkommt und die beiden heiraten, weicht Edgar den neuen Spannungen aus, indem er am Bau arbeitet. Es fällt ihm schwer, sich in die Malerbrigade einzuordnen. Von individualistischem Ehrgeiz getrieben, versucht er im Alleingang ein Spezialwerkzeug zu basteln; dabei kommt er durch einen Stromschlag um. Das heißt, der junge, begabte Außenseiter, der zunächst heftige Kritik an verfestigten gesellschaftlichen Normen übte, stand endlich in einem Anpassungsprozeß, der nur durch den Unfalltod abgebrochen wird. Doch obgleich dieser im eigensinnigen Individualismus tragisch begründete Tod bereits den Keim zum sozialistischen Helden der Arbeit enthält, warnten Erich Honecker und Literaturkritiker der DDR vor dem Einbruch der neuen Subjektivität und der Sympathie mit dem Tode.[20] Wie beim Erscheinen des »Wer-

20 Vgl. Marlies Menge, »Der Tod des Sozialisten. Schwierigkeiten mit dem Sterben in der DDR-Literatur«, in: »Die Zeit«, Nr. 27, 29. Juni 1973, S. 20.

ther« vor zweihundert Jahren empfinden wiederum die Träger der gesellschaftlichen Ordnung als störend, was die junge Generation als ihr treffendes Abbild anerkennt und begrüßt.[21]

21 Vgl. die Textprobe S. 180 ff. sowie die »Diskussion um Plenzdorf«, in: »Sinn und Form. Beiträge zur Literatur« 25 (1973) H. 1, S. 219 ff.; ebd. H. 4 und 6. – Joachim Nawrocki, »Kommt doch nicht mit Politik! Ausgeflippte gibt es nicht nur bei uns – Diskussion über ein Theaterstück in Halle: ›Die Leiden des jungen W.‹« [sic], in: »Die Zeit«, Nr. 33, 18. August 1972, S. 38. – Marcel Reich-Ranicki, »Der Fänger im DDR-Roggen. Ulrich Plenzdorfs jedenfalls wichtiger Werther-Roman«, in: »Die Zeit«, Nr. 19, 4. Mai 1973, S. 27 f. – »Kuß von Charlie«, in: »Der Spiegel«, Nr. 13, 26. März 1973, S. 166 ff. – Aleksandar Flaker, »Modelle der Jeans Prosa. Zur literarischen Opposition bei Plenzdorf im osteuropäischen Romantext«, Kronberg i. Ts. 1975.

VI. Texte zur Diskussion

Der ursprünglich heftig umstrittene »Werther«-Roman gehört inzwischen längst zum sogenannten klassischen Erbe. Dadurch selbst so gut wie unanfechtbar geworden, reizt der Text nun weniger zum Widerspruch als vielmehr zu seiner gesellschaftlichen Vereinnahmung. In der Bundesrepublik war Werther zum Beispiel als säkularer Minneheiliger oder als Archetyp des Dichtermagiers willkommen. In der Deutschen Demokratischen Republik dagegen schätzt man Werther als Revolutionär und Verkünder der Idee des neuen Menschen. In dieser Rolle ließ sich die klassische Autorität Werthers schließlich auch gegen die Mißstände im real existierenden Sozialismus selbst vorschieben.

HERBERT SCHÖFFLER (1888–1946) deutet Werther auf dem Hintergrund säkularisierten Glaubens und findet in dem Buch ein erstes Beispiel moderner innerer Tragik:

»Werther stirbt, weil Lotte ihm versagt bleibt. Die Geschlechterliebe ist der absolute Wert in diesem Kunstwerk, und kann dieser Wert nicht erlangt werden, so wird das Leben wert-los. Ein wertloses Leben aber darf weggeworfen werden. Werther kann nicht mehr wie Emilia Galotti sagen: ›Nichts Schlimmeres zu vermeiden, sprangen Tausende in die Fluten, und sind Heilige! –‹ Sie geht um ihres Wertes, der Reinheit, willen in den Tod, und dieses Sterben steht noch unter dem Zeichen der alten Idee von Gott und seinen Satzungen. Werther aber stirbt nicht um jenseitigen Wertes willen. An den Ort des ehedem absoluten Wertes, der Gottesidee, ist ein anderer, die Geschlechterliebe, getreten. Eine Fülle von Stellen lassen keinen Zweifel, daß das Kunstwerk so verstanden sein will: ›Erinnerst du dich der Blumen, die du mir schicktest . . .? O ich habe die halbe Nacht davor gekniet, und sie versiegelten mir deine Liebe. Aber ach! Diese Eindrücke gingen vorüber, wie das Gefühl der Gnade seines Gottes allmählich wieder aus der Seele des Gläubigen weicht, die ihm mit ganzer Himmelsfülle in heiligen sichtbaren Zeichen gereicht ward.‹ – Christus erhält den Kelch des Leidens von Gott: ›Soll ich den Kelch nicht trinken, den mir mein Vater gegeben hat?‹ Werther erhält den Kelch von Lotte: ›Du reichtest mir ihn, und ich zage nicht!‹ Das alte Evangelium ist die Urform eines Leidens und Sterbens um jenseitigen Wertes willen, die ›Leiden des jungen Werther‹ sind der Erzfall eines Leidens und Sterbens, in dem jenseitiger Wert diesseitigem gewichen ist. Die Evangeliumstöne im Leiden und Sterben Werthers, durch die sich die Darstellung anschließt an alte Formen, dürfen genommen werden als Ausdruck für das Bewußtsein, daß dies Leiden an diesseitigem Werte, dieses Zugrundegehen an der Liebe ebenso wichtig sei, ebenso bedeutsam genommen werden solle wie jener abertausendmal erzählte Erzfall eines Leidens und Sterbens um jenseitigen Wertes willen. [. . .]

Die ›Leiden des jungen Werther‹ sind in unserer neuzeitlichen Geistesgeschichte der Urfall eines Leidens und Sterbens, in dem diesseitiger Wert entscheidet; die ›Leiden des jungen Werther‹ sind der erste deutsche Leidensbericht mit pantheisierender Gottesidee; sie sind somit die erste nichtdualistische Tragödie unserer Geistesentwicklung. Zum ersten Male wird Geschehen gezeichnet, das vernichtet und doch ohne Gegenspieler waltet – die erste Tragödie ohne Schuld, ohne Prinzip des Bösen. Kein Schurke fällt den Helden. Eine neue, viel tiefere Tragik ist erreicht, die Tragik einer ganz neuen Zeit. [. . .] Werther geht zugrunde an den besten Kräften seines Wesens, an allem, was gut ist in ihm, daran, daß er liebevoll und treu ist, daß er die Gesetze der Kirche und der Gesellschaft hält, daß die Ehe anderer ihm heilig ist.

Als einziger Schuldiger in diesem aus *einer* Kraft gestalteten Drama bleibt eben diese blind waltende eine Kraft, die den Menschen durch sein Bestes schuldig werden läßt, um ihn dann der Pein zu überlassen.«

Herbert Schöffler: Die Leiden des jungen Werther. Ihr geistesgeschichtlicher Hintergrund. Frankfurt a. M. 1938. Wiederabgedr. in: H. Sch.: Deutscher Geist im 18. Jahrhundert. Essays zur Geistes- und Religionsgeschichte. Göttingen: Vandenhoeck & Ruprecht, 1956. [2]1967. S. 155–181, hier S. 175 f., 180 f.

Für GERHARD STORZ (1898–1983) nähert sich Werther durch
sein schöpferisches Vorstellungsvermögen dem Archetyp des
Dichtermagiers:

»Was Werther darstellt, ist also die tragische Krisis des auto-
nomen, bindungslosen, prometheischen Menschen, genauer
gesagt der Einbildungskraft, die sich isoliert und sich absolut
setzt. Werther ist der Dichter ohne Werk, der Dichter, der
sein Leben zur Dichtung macht und also Sein und Bild ver-
wechselt. Der Dichter ist ein Schöpfer – nur im Gleichnis, nur
in der beherzigten Analogie zum *creator mundi e nihilo*.
Wenn er aus diesem Gleichnis tritt, wird er entweder sein
Leben zerstören oder sein Dichten nähert sich dann dem Tun
des Magiers, der Schein für Sein ausgibt. Im Werther wird
ebenso die Doppelsinnigkeit des Phänomens Dichtung sicht-
bar wie die geheime Gefahr, in welcher der zum Dichtertum
Berufene schwebt. So geht der Roman nicht nur dem Tasso
voran, sondern er bildet in wesentlichen Zügen den Faust
vor. Die tragische Dialektik der Leidenschaft kehrt, geklärt,
konturiert, weiter ausgreifend, im Eduard der Wahlverwandtschaften wieder. Endlich scheint der Grundzug von
Werthers Wesen und Geschick, ins Weibliche abgewandelt,
in der Figur der Aurelie im Wilhelm Meister zu begegnen. An
solcher Wanderung und Verwandlung wird deutlich, daß der
Gestalt Werthers die Geltung eines Symbols oder eines
Archetypus zukommt.«

Gerhard Storz: Der Roman »Die Leiden des jungen
Werthers«. In: G. St.: Goethe-Vigilien, oder Versuche in der Kunst, Dichtung zu verstehen. Stuttgart: Klett, 1953. S. 19–41, hier S. 40 f.

Die Meinung, daß völlige Bindungslosigkeit dem Dichter
weniger nütze als ihn gefährde, hat unter den Schriftstellern
selbst Tradition. MARTIN WALSER (geb. 1927) schrieb darüber:

»[. . .] die sozusagen garantierte individuelle Sphäre, das An-
gebot sozusagen schrankenloser Selbstverwirklichung, der

Wegweiser nach Innen, die öffentlich favorisierte Selbst-
herrlichkeit, der schick zeitgenössisch frisierte Künstler-
quatsch, das Talmi von der schöpferischen Begabung, die
vollkommen und in jedem Sinn lächerliche Einteilung zwischen produktiven und reproduktiven Schreibern, eben der
ganze immer noch angebotene Kunst- und Kulturzauber:
geschieht das alles im Interesse des Schriftstellers? des Intel-
lektuellen überhaupt? also auch des Regisseurs, des Kritikers,
des Literaturwissenschaftlers, des Schauspielers, des Dirigen-
ten, des Bühnenbildners? Für die Erfolgreichen scheint es
nichts Schöneres zu geben. Die Erfolgreichen plazieren von
Mal zu Mal ihr Ausdrucksdenkmal auf dem Markt, arbeiten
an sich, sind selbst ihre einzige und höchste Sache, sind dem
geringsten Zwang zur Entfremdung unterworfen, kennen
keine weitere Verpflichtung als die sich selbst gegenüber.
Johannes R. Becher (in *Das poetische Prinzip*): ›Gottfried
Keller hat einmal an den Oberamtsrichter Storm geschrieben,
bei Paul Heyse räche es sich, daß er seit dreißig Jahren kein
Amt und keine andere profane Lebensweise genossen habe;
diese Existenz sei schon Tieck und Gutzkow nicht gut
bekommen. Daß Keller hiermit das Richtige traf, zeigt ein
Brief, den Heyse, ohne von Kellers Bemerkungen zu wissen,
an Storm schrieb: „Was gäb ich drum liebster Storm, wenn
ich Oberamtsrichter in Husum wäre! Wie oft habe ich meinen
in der Freiheit verwilderten Nerven ein solches gelindes Gän-
gelband gewünscht ... Ich Amtloser habe nie einen Feiertag
gekannt!"‹ [...]
Vor allem kann man jetzt fragen, ob es wirklich im Interesse
des sogenannten freien Schriftstellers ist, wenn er die von der
Gesellschaft angebotene und honorierte narzißtische Existenz praktiziert. Er praktiziert eine untergehende Lebensweise. Und er ist im darwinschen Sinne monströs.«

Martin Walser: Über die Neueste Stimmung im Westen. In: Kursbuch 20 (1970) S. 40.

GEORG LUKÁCS (1885–1971) sieht allerdings in Werther keinen bindungslosen, nach innen gerichteten Dichtertyp, son-

dern einen für die volkstümlich-humanistische Revolte enga-
gierten Menschen:

»Freilich ist der junge Goethe kein Revolutionär, auch nicht
im Sinne des jungen Schiller. Aber in einem breiten und tiefen
historischen Sinne, im Sinne der innigen Verknüpftheit mit
den Grundproblemen der bürgerlichen Revolution bedeuten
die Werke des jungen Goethe einen revolutionären Gipfelpunkt der europäischen Aufklärungsbewegung, der ideolo-
gischen Vorbereitung der Großen Französischen Revolution.
Im Mittelpunkt des ›Werther‹ steht das große Problem des
bürgerlich-revolutionären Humanismus, das Problem der
freien und allseitigen Entfaltung der menschlichen Persönlichkeit. [. . .]
Dieselben Gesetze, Institutionen usw., die der Persönlich-
keitsentfaltung im engen Klassensinne der Bourgeoisie dienen, die die Freiheit des *laisser faire* hervorbringen, sind
gleichzeitig unbarmherzige Würger der sich wirklich entfal-
tenden Persönlichkeit. Die kapitalistische Arbeitsteilung, auf
deren Grundlage erst jene Entwicklung der Produktivkräfte
vor sich gehen kann, die die materielle Basis der entfalteten
Persönlichkeit bilden, unterwirft sich zugleich den Menschen, zerstückelt seine Persönlichkeit zu einem leblosen
Spezialistentum usw. Es ist klar, daß dem jungen Goethe die
ökonomische Einsicht in diese Zusammenhänge fehlen
mußte. Um so höher muß seine dichterische Genialität einge-
schätzt werden, mit der er an menschlichen Schicksalen die
wirkliche Dialektik dieser Entwicklung darstellen konnte.
[. . .]
Der ganze ›Werther‹ ist ein glühendes Bekenntnis zu jenem
neuen Menschen, der im Laufe der Vorbereitung der bürgerlichen Revolution entsteht, zu jener Menschwerdung, zu
jener Erweckung der allseitigen Tätigkeit des Menschen, die
die Entwicklung der bürgerlichen Gesellschaft hervorbringt –
und zugleich tragisch zum Untergang verurteilt. Die Gestaltung dieses neuen Menschen geschieht also in ununterbroche-

ner dramatischer Kontrastierung zur ständischen Gesellschaft und zum Spießbürgertum. Immer wieder wird diese
neu entstehende menschliche Kultur der Verbildung, der
Unfruchtbarkeit, der Unkultiviertheit der ›höheren Stände‹
und dem toten, erstarrten, kleinlich egoistischen Leben der
Spießbürger gegenübergestellt. Und jede dieser Gegenüber-
stellungen ist ein flammender Hinweis darauf, daß wirkli-
ches, lebendiges Erfassen des Lebens, lebendiges Verarbeiten
seiner Probleme ausschließlich beim Volke selbst zu finden
sind. Nicht nur Werther steht als lebendiger Mensch, als
Repräsentant des Neuen der toten Erstarrung der Aristokra-
tie und des Philistertums gegenüber, sondern auch immer
wieder Figuren aus dem Volke. Werther ist immer Repräsentant des volkstümlichen Lebendigen dieser Erstarrung gegenüber. Und die sehr reichlich eingearbeiteten Bildungsele-
mente (Hinweise auf die Malerei, auf Homer, Ossian, Goldsmith usw.) bewegen sich immer in dieser Richtung: Homer
und Ossian sind für Werther und für den jungen Goethe
große volkstümliche Dichter, dichterische Widerspiegelun-
gen und Ausdrücke des produktiven Lebens, das einzig und
allein im arbeitenden Volke vorhanden ist.
[...] Die volkstümlich-humanistische Revolte im ›Werther‹
ist eine der wichtigsten revolutionären Äußerungen der bürgerlichen Ideologie in der Vorbereitungszeit der Französischen Revolution. Sein Welterfolg ist der eines revolutionären Werkes. Im ›Werther‹ kulminierten die Kämpfe des jungen Goethe um den freien und allseitig entwickelten Menschen, jene Tendenzen, die er im ›Götz‹, im ›Prometheus‹-
Fragment, in den ersten Entwürfen zum ›Faust‹ usw. ebenfalls ausgedrückt hat. [...]
Lotte ist eine bürgerliche Frau, die an ihrer Ehe mit dem
tüchtigen und geachteten Mann instinktiv festhält und vor der
eigenen Leidenschaft erschreckt zurücktaumelt. Die Wer-
thertragödie ist also nicht nur die Tragödie der unglücklichen
Liebesleidenschaft, sondern die vollendete Gestaltung des
inneren Widerspruchs der bürgerlichen Ehe: sie ist auf individuelle Liebe basiert, mit ihr entsteht historisch die indivi-

duelle Liebe – ihr ökonomisch-soziales Dasein steht aber in unlösbarem Widerspruch zur individuellen Liebe.

Die sozialen Pointen dieser Liebestragödie unterstreicht Goethe ebenso deutlich wie diskret. Nach einem Zusammenstoß mit der feudalen Gesellschaft der Gesandtschaft fährt Werther ins Freie und liest jenes Kapitel der Odyssee, in welchem der heimkehrende Odysseus sich mit dem Schweinehirten menschlich und kameradschaftlich unterhält. Und in der Nacht des Selbstmordes ist das letzte Buch, das Werther liest, der bisherige Gipfelpunkt der revolutionären bürgerlichen Literatur, die ›Emilia Galotti‹ Lessings.«

Georg Lukács: Die Leiden des jungen Werther. [1936.] In: G. L.: Goethe und seine Zeit. Bern 1947. S. 17–30. Wiederabgedr. in: G. L.: Deutsche Literatur in zwei Jahrhunderten. Neuwied/Berlin: Luchterhand, 1964. (G. L.: Werke. Bd. 7.) S. 53–68, hier S. 57–66.

In seiner Wertheriade »Die neuen Leiden des jungen W.« (vgl. die Zusammenfassung S. 171 f.) wendet ULRICH PLENZDORF Werthers Verlangen nach unbehinderter Selbstverwirklichung gegen die Bevormundung der Jugend in der DDR. In der folgenden Episode von der Anpassung des Außenseiters in einem Film weist Plenzdorfs Held mit gemischtem Charakter die aufdringliche Didaktik des üblicherweise positiven Helden im sozialistischen Realismus zurück:

»[...] als sie uns eines Tages von der Berufsschule in einen Film scheuchten [...]. Anschließend: Gespräch mit den Schöpfern. Aber nun nicht jeder, der wollte, sondern nur die Besten, die Vorbilder – als Auszeichnung. Die ganze Show fand nämlich während des Unterrichts statt. Und vorneweg natürlich Edgar Wibeau, dieser intelligente, gebildete, disziplinierte Junge. Unser Prachtstück! Und all die anderen Prachtstücke aus den anderen Lehrjahren, pro Lehrjahr immer zwei.

Der Film spielte heute. Ich will nicht viel darüber sagen. Freiwillig wär ich nie da reingegangen, oder höchstens, weil

meine M.S.-Jungs die Musik gemacht hatten. Ich nehme an,
sie wollten ins Filmgeschäft kommen. Es ging um so einen
Typ, der aus dem Bau kam und jetzt ein neues Leben anfan-
gen wollte. Bis dahin hatte er wohl ziemlich quer gelegen, ich
meine politisch, und der Bau hatte daran auch nicht viel geändert. Sein Delikt war Körperverletzung, er hatte so einem
Veteranen eine angesetzt, weil der ihn gereizt hatte in Fragen
zu lauter und zu scharfer Musik. Gleich nach dem Bau kam er
ins Krankenhaus, ich glaube, wegen Gelbsucht, jedenfalls
durfte ihn keiner besuchen. Er hatte auch niemand. Aber im
Krankenhaus, auf seinem Zimmer, lag so ein Agitator oder
was das sein sollte. Jedenfalls redete er so. Als ich das sah,
wußte ich sofort, was kam. Der Mann würde so lange auf ihn
losreden, bis er alles einsah, und dann würden sie ihn hervorragend einreihen. Und so kam es dann auch. Er kam in eine
prachtvolle Brigade mit einem prachtvollen Brigadier, lernte
eine prachtvolle Studentin kennen, deren Eltern waren zwar
zuerst dagegen, wurden dann aber noch ganz prachtvoll, als
sie sahen, was für ein prachtvoller Junge er doch geworden
war, und zuletzt durfte er dann auch noch zur Fahne. Ich
weiß nicht, wer diesen prachtvollen Film gesehen hat, Leute.
Das einzige, was mich noch interessierte außer der Musik,
war dieser Bruder da von dem Helden. Er schleppte ihn über-
all mit hin, weil er auch eingereiht werden sollte. Sie waren
nämlich immerzu auf der Suche nach diesem Agitator. Das
sollte wohl rührend sein oder was. Der Bruder ließ sich auch
mitschleppen, die Reiserei machte ihm zum Teil sogar Spaß,
und diese prachtvolle Studentin konnte ihm auch was sein
und er ihr auch, ich dachte an einer Stelle sogar, noch ein
Wort und er kriegt sie rum, wenn er will. Jedenfalls wurde sie
mir von dem Moment an gleich viel sympathischer. Alles das
machte er mit, aber einreihen ließ er sich deswegen noch lange
nicht. Er wollte Clown im Zirkus werden, und das ließ er sich
nicht ausreden. Sie sagten, er will sich bloß rumtreiben, statt
einen ordentlichen Beruf zu lernen. Einen ordentlichen
Beruf, Leute, das kannte ich! Natürlich wollte er unter anderem zum Zirkus, weil er da die Welt sehen konnte, jedenfalls

ein Stück. Na und? Ich verstand ihn völlig. Ich verstand
nicht, was daran schlecht sein sollte. Ich glaube, die meisten
wollen die Welt sehen. Wer von sich behauptet: nein – der
lügt. Ich stieg immer sofort aus, wenn einer behauptete, Mittenberg, das sollte schon die Welt sein. Und dieser Bruder
stieg eben auch aus.

Langsam interessierte mich der Mann, der das verfaßt hatte.
Ich beobachtete ihn die ganze Zeit, in der wir da im Lehrer-
zimmer saßen und erzählten, wie hervorragend wir den Film
gefunden hätten und was wir alles daraus lernen könnten.
Erst sagten alle anwesenden Lehrer und Ausbilder, was wir
daraus zu lernen haben, und dann sagten wir, was wir daraus
gelernt hatten. Der Mann sagte die ganze Zeit kein Wort. Er
sah ganz so aus, als wenn ihn diese ganze Show mit uns
Musterknaben ungeheuer anödete. Danach fand für die Film-
schöpfer ein Rundgang durch die ganzen Werkstätten von
uns statt und das. Bei der Gelegenheit schmissen wir uns an
den Mann ran, ich und Old Willi. Wir hängten uns an ihn ran
und blieben mit ihm zurück. Ich hatte das Gefühl, daß er uns
zunächst ganz dankbar war dafür. Dann sagte ich ihm meine
eigentliche Meinung. Ich sagte ihm, daß ein Film, in dem
Leute in einer Tour lernen und gebessert werden, nur öde sein
kann. Daß dann jeder gleich sieht, was *er* daraus lernen soll,
und daß kein Aas Lust hat, wenn er den ganzen Tag über
gelernt hat, auch abends im Kino noch zu lernen, wenn er
denkt, er kann sich amüsieren. Er sagte, daß er sich das schon
immer gedacht hätte, aber daß es nicht anders gegangen wäre.
Ich riet ihm, dann einfach die Finger davon zu lassen und
lieber diese Geschichtsfilme zu machen, bei denen jeder von
vornherein weiß, daß sie nicht zum Amüsieren sind. Da sah
er zu, daß er wieder Anschluß kriegte an seine Leute [. . .].«

Ulrich Plenzdorf: Die neuen Leiden des jungen W.
Frankfurt a. M.: Suhrkamp, 1976. (suhrkamp ta-
schenbuch. 300.) S. 39–43. © 1973 VEB Hinstorff
Verlag, Rostock.

VII. Literaturhinweise

1. Ausgaben

Die Leiden des jungen Werthers. Erster Theil. Zweyter Theil. Leipzig, in der Weygandschen Buchhandlung. 1774. – Faks.-Dr. mit Beih. von Walther Migge. Frankfurt a. M.: Insel Verlag, 1967. [Beih. zit. als: Migge.]

Goethe's Schriften. Erster Band. [Verzeichnis der Subscribenten; Zueignung; Werther.] Leipzig, bey Georg Joachim Göschen. 1787. [Erstausgabe der zweiten Fassung.]

Die Leiden des jungen Werther. Neue Ausgabe, von dem Dichter selbst eingeleitet. Leipzig, in der Weygandschen Buchhandlung. 1825 [ersch. 1824].

Der junge Goethe. Neu bearb. Ausgabe in 5 Bänden. Hrsg. von Hanna Fischer-Lamberg. Bd. 4: Januar–Dezember 1774. Berlin: de Gruyter, 1968. S. 104–187; 349–363. [Erste Fassung.]

Goethes Werke. Hrsg. im Auftrage der Großherzogin Sophie von Sachsen. [Weimarer Ausgabe.] Abt. 1. Bd. 19. [Darin: Die Leiden des jungen Werther. Bearb. von Bernhard Seuffert.] Weimar: H. Böhlaus Nachf., 1899. [Zweite Fassung.]

Goethes Sämtliche Werke. Jubiläums-Ausgabe. Hrsg. von Eduard von der Hellen. Bd. 16. [Bearb. und] mit Anm. und Erl. von Max Herrmann. Stuttgart/Berlin: J. G. Cotta, [1906]. [Zweite Fassung.]

Goethes Werke. Festausgabe. Hrsg. von Robert Petsch. Bd. 9. Krit. durchges. von Julius Wahle, eingel. und erl. von Oskar Walzel. Leipzig: Bibliographisches Institut, 1926. [Erste und zweite Fassung.]

Goethes Werke. Hamburger Ausgabe in 14 Bänden. Hrsg. von Erich Trunz. Bd. 6. Textkrit. durchges. von Erich Trunz, komm. von E. T. und Benno von Wiese. Hamburg: Wegner, 1951. 10., neubearb. Aufl. München: C. H. Beck, 1981. [Zweite Fassung. – Zit. als: HA.]

Werke Goethes. Hrsg. von der Deutschen Akademie der Wissenschaften zu Berlin unter Leitung von Ernst Grumach. [Akademie-Ausgabe. – Einzelbde. ohne Zählung.] Die Leiden des jungen Werthers. Bd. 1: Text. Erste und zweite Fassung. Bearb. von Erna Merker. Berlin: Akademie-Verlag, 1954. [Mehr nicht ersch.]

Über weitere Textausgaben siehe: Die Drucke von Goethes Werken. Hrsg. von der Deutschen Akademie der Wissenschaften zu Berlin. Bearb. von Waltraud Hagen. Berlin: Akademie-Verlag, 1971. 2., durchges. Aufl. (Hrsg. von der Akademie der Wissenschaften der DDR.) Ebd. 1983.

2. Zu den Fassungen

Fittbogen, Gottfried: Die Charaktere in den beiden Fassungen von »Werthers Leiden«. In: Euphorion 17 (1910) S. 556–582.

Heun, Hans Georg: Der Satzbau in der Prosa des jungen Goethe. Leipzig 1930.

Nachdr. New York 1967. [Darin: Kap. II. C. Änderungen des Satzbaus bei
der Überarbeitung von »Werthers Leiden«. §§ 27–32 (S. 104–119).]

Lauterbach, Martin: Das Verhältnis der zweiten zur ersten Ausgabe von »Werthers Leiden«. Straßburg 1910. [Der erste Teil enthält eine nach grammatischen Gesichtspunkten geordnete Dokumentation der Lesarten, der zweite
Teil befaßt sich mit der Umformung des Inhalts.]

Rieß, Gertrud: Die beiden Fassungen von Goethes »Die Leiden des jungen
Werthers«. Eine stilpsychologische Untersuchung. Breslau 1924. [Für die
inhaltliche Umarbeitung ergiebiger als Lauterbach.]

3. Quellen

Goethe und Werther. Briefe Goethe's, meistens aus seiner Jugendzeit, mit erläu-
ternden Documenten. Hrsg. von A[ugust] Kestner, Königl. Hannov. Lega-
tionsrath, Minister-Resident bei dem Päpstl. Stuhle in Rom. Stuttgart/Tübin-
gen 1854. [Goethes Briefwechsel mit Christian Kestner und Charlotte Buff. –
Zit. als: Kestner.]

Jerusalem, Karl Wilhelm: Philosophische Aufsätze (1776). Mit G. E. Lessings
Vorrede und Zusätzen. Neu hrsg. von Paul Beer. Berlin 1900.

Elf Briefe von Jerusalem [1767–1772, an Eschenburg]. Hrsg. von O. v. H[eine-
mann]. In: Im neuen Reich 4 (1874) Nr. 25. S. 970 ff. [Besonders die Briefe
vom 26. November 1771 und vom 18. Juli 1772 aus »Seccopolis« (d. i.
Wetzlar).]

Neue Briefe von und über Jerusalem-Werther. [Mitget.] von Eugen Wolff. In:
Vierteljahrschrift für Litteraturgeschichte 2 (1889) S. 532–545.

The Poems of Ossian. Transl. by James Macpherson. Vol. 2. Leipsic 1840. [The
songs of Selma: S. 198–209; Berrathon: S. 153.]

4. Zur Entstehungsgeschichte

Seuffert, Bernhard: Skizze der Textgeschichte von Goethes »Werther«. In:
Goethe-Jahrbuch 21 (1900) S. 246–251.

Goethe über seine Dichtungen. Versuch einer Sammlung aller Äußerungen des
Dichters über seine poetischen Werke. Hrsg. von Hans Gerhard Gräf. Tl. 1:
Die epischen Dichtungen. Bd. 2. Frankfurt a. M. 1902. S. 493–695. [Unter
den chronologisch geordneten Zeugnissen finden sich auch die wichtigsten
Stellen aus Goethes Briefwechsel mit Kestner sowie die einschlägigen Partien
aus »Dichtung und Wahrheit«, 12. und 13. Buch; im Anhang Register der
epischen Dichtungen, der Personen und Orte. – Zit. als: Gräf.]

Arnsperger, Walther: Die Entstehung von »Werthers Leiden«. In: Neue Hei-
delberger Jahrbücher 10 (1900) S. 195–217.

Beutler, Ernst: Wertherfragen. 1. Das ertrunkene Mädchen. 2. Religiöse Hin-
tergründe. 3. Frankfurter Szenerie. In: Goethe. Neue Folge des Jahrbuchs der
Goethe-Gesellschaft 5 (1940) S. 138–160.

Düntzer, Heinrich: Zu Goethe's Jubelfeier. Studien zu Goethe's Werken. Elberfeld/Iserlohn 1849. [Darin: Goethe's »Lotte« und »die Leiden des jungen Werther's«. Nebst einer Uebersicht der Werther-Literatur. S. 89–209.]

Feise, Ernst: Zu Entstehung, Problem und Technik von Goethes »Werther«. In: Journal of English and Germanic Philology 13 (1914) S. 1–36.

Friedenthal, Richard: Goethe, sein Leben und seine Zeit. München 1963. S. 116–164.

Herbst, Wilhelm: Goethe in Wetzlar. 1772. Vier Monate aus des Dichters Jugendleben. Gotha 1881.

Kayser, Wolfgang: Die Entstehung von Goethes »Werther«. In: Deutsche Vierteljahrsschrift für Literaturwissenschaft und Geistesgeschichte 19 (1941) S. 430–457. Wiederabgedr. in: W. K.: Kunst und Spiel. Fünf Goethe-Studien. Göttingen 1961. (Kleine Vandenhoeck-Reihe. 128/129.) S. 5–29. [Schon eine Deutung des Romans aus den geistigen Gründen seiner Entstehung.]

Maurer, Karl: Die verschleierten Konfessionen. Zur Entstehungsgeschichte von Goethes »Werther« (»Dichtung und Wahrheit«, 12. und 13. Buch). In: Die Wissenschaft von deutscher Sprache und Dichtung. Methoden, Probleme, Aufgaben. Festschrift für Friedrich Maurer. Hrsg. von Siegfried Gutenbrunner [u. a.]. Stuttgart 1963. S. 424–437.

Schmidt, Erich: Richardson, Rousseau und Goethe. Ein Beitrag zur Geschichte des Romans im 18. Jahrhundert. Jena 1875. [Besonders der Vergleich zwischen Rousseau und Goethe S. 126–243.]

5. Zur Wirkungsgeschichte

Die Leiden des jungen Werthers. Goethes Roman im Spiegel seiner Zeit. Eine Ausstellung des Goethe-Museums Düsseldorf. [Katalog.] Hrsg. von Jörn Göres. Düsseldorf 1972. [Ausgewählte Textzeugnisse, Abbildungen, Handschriftenproben und ausgezeichnete Kommentare zu 334 Exponaten.]

Goethe im Urtheile seiner Zeitgenossen. Zeitungskritiken, Berichte, Notizen, Goethe und seine Werke betreffend, aus den Jahren 1773–1786. Ges. und hrsg. von Julius W. Braun. Bd. 1. Berlin 1883. [Zit. als: Braun. – Bd. 2 und Bd. 3 bringen nur wenige Nachträge aus den Jahren 1787–1812.]

Zeitgenössische Rezensionen und Urteile über Goethes »Götz« und »Werther«. Hrsg. von Hermann Blumenthal. Berlin 1935. S. 41–128. [Enthält die wichtigsten Zeugnisse aus der umfassenderen Sammlung von J. W. Braun; darüber hinaus F. Nicolais »Freuden des jungen Werthers« und die »Briefe über die Moralität der Leiden des jungen Werthers« von J. M. R. Lenz.]

Goethe im Urteil seiner Kritiker. Dokumente zur Wirkungsgeschichte Goethes in Deutschland [1773–1982]. Hrsg., eingel. und komm. von Karl R. Mandelkow. 4 Bde. München 1975–84.

Goethe in vertraulichen Briefen seiner Zeitgenossen. Auch eine Lebensgeschichte. Zsgest. von Wilhelm Bode. 3 Bde. Berlin 1917–23. – Textrev. Neuausg. Berlin [Ost] 1979 / München 1982.

Appell, Johann Wilhelm: »Werther« und seine Zeit. Zur Goethe-Literatur. Leipzig 1855. 4., verb. und verm. Aufl. Oldenburg 1896.

Atkins, Stuart: The Testament of Werther in Poetry and Drama. Cambridge (Mass.) 1949. [Mit vorbildlicher Bibliographie der Wertheriaden. – Zit. als: Atkins.]

– Codicils to »The Testament of Werther in Poetry and Drama«. In: Literatur als Dialog. Festschrift für Karl Tober. Hrsg. von Reingard Nethersole. Johannesburg 1979. S. 195–206. [Ergänzungen zur Bibliographie der Wertheriaden.]

Bickelmann, Ingeborg: Goethes »Werther« im Urteil des 19. Jahrhunderts (Romantik bis Naturalismus 1830–1880). Gelnhausen 1937. [Formal vorbildliche Frankfurter Diss. von 1934, die auf 68 Seiten knappen Einblick in den Wandel der literaturwissenschaftlichen Betrachtung gibt.]

Hertling, Gunter H.: Die »Werther«-Kritik im Meinungsstreit der Spätaufklärer. In: The German Quarterly 36 (1963) S. 403–413.

Hillebrand, Karl: Die Werther-Krankheit in Europa. In: K. H.: Culturgeschichtliches. Aus dem Nachlasse. Hrsg. von Jessie Hillebrand. Berlin 1885. S. 102–142. [Zeitgeschichtliche Deutung der bekanntesten Wertheriaden.]

Hünich, Fritz Adolf: Die deutschen Werther-Gedichte. In: Jahrbuch der Sammlung Kippenberg. Bd. 1. Leipzig 1921. S. 181–254. [Mit Nachträgen in Bd. 5, 1925, S. 299–301, und Bd. 7, 1927/28, S. 316–318.]

– Aus der Wertherzeit. In: Jahrbuch der Sammlung Kippenberg. Bd. 4. Leipzig 1924. S. 249–281. [Briefe und Hinweise auf epische und dramatische Wertheriaden.]

Jäger, Georg: Die Wertherwirkung. Ein rezeptionsästhetischer Modellfall. In: Historizität in Sprach- und Literaturwissenschaft. [Stuttgarter Germanistentag 1972.] Hrsg. von Walter Müller-Seidel [u. a.]. München 1974. S. 389–409.

Nollau, Alfred: Das literarische Publikum des jungen Goethe von 1770 bis zur Übersiedlung nach Weimar. Weimar 1935.

Scherpe, Klaus R.: Werther und Wertherwirkung. Zum Syndrom bürgerlicher Gesellschaftsordnung im 18. Jahrhundert. (Anhang: Vier Wertherschriften aus dem Jahre 1775 in Faksimile.) Bad Homburg 1970. Wiesbaden ³1980.

Schmidt, Hartmut: Goethes »Werther« als Schule der Leidenschaften. »Werther«-Rezensionen im Horizont der Popularästhetik um 1775. In: Insel-Almanach auf das Jahr 1973. Frankfurt a. M. 1972. S. 70–122.

Strich, Fritz: Goethe und die Weltliteratur. Bern 1946. S. 179–193.

Wertherschriften. Hrsg. von Fritz Adolf Hünich. Leipzig 1924. [Faksimile von: K. W. Frhr. v. Breidenbach, »Berichtigung der Geschichte [. . .]«, ²1775; C. E. v. Reitzenstein, »Lotte bey Werthers Grabe«, 1775; H. G. v. Bretschneider, »Eine entsetzliche Mordgeschichte [. . .]«, 1776; H. J. Merck [?] »Eine trostreiche und wunderbare Historia, betitult: Die Leiden und Freuden Werthers [. . .]«, [o. J.]; H. J. Merck, »Paetus und Arria«, 1775; »Schwache jedoch wohlgemeynter Tritt vor dem Riß«, 1775; A. Henselt, »Afterwerther«, 1784; P. W. Heusler, »Lorenz Konau«, 1776.]

Wustmann, Georg: Verbotene Bücher. Aus den Censurakten der Leipziger Bücherkommission. In: Grenzboten 6 (1882) S. 264–285. [S. 280–283 zum Verbot des »Werthers« in Leipzig.]

Zimmermann, Georg: »Werther's Leiden« und der literarische Kampf um sie

In: Archiv für das Studium der neueren Sprachen und Literaturen 45 (1869) S. 241–298.

Die Leiden des jungen Werther. Ein unklassischer Klassiker. Neu hrsg. mit Dokumenten und Materialien, Wertheriana und Wertheriaden von Hans Christoph Buch. Berlin 1982.

Die Leiden des alten und neuen Werther. Kommentare, Abbildungen, Materialien zu Goethes »Leiden des jungen Werthers« und Plenzdorfs »Neue Leiden des jungen W.«. [...] Hrsg. von Georg Jäger. München 1984.

6. Forschungsliteratur

Blanckenburg, Friedrich von: Die Leiden des jungen Werthers. In: Neue Bibliothek der schönen Wissenschaften und der freyen Künste 18 (1775) St. 1. S. 46–95. [Wiederabgedr. in den Sammlungen von J. W. Braun, H. Blumenthal und K. R. Mandelkow. – Interpretierende Rezension in Verteidigung gegen die zeitgenössischen Angriffe auf den Roman.]

Alewyn, Richard: »Klopstock!« In: Euphorion 73 (1979) S. 357–364.

Assling, Reinhard: Werthers Leiden. Die ästhetische Rebellion der Innerlichkeit. Bern / Frankfurt a. M. 1981.

Atkins, Stuart: J. C. Lavater and Goethe. Problems of Psychology and Theology in »Die Leiden des jungen Werthers«. In: Publications of the Modern Language Association of America 63 (1948) S. 520–576.

Bach, Anneliese: Über Goethes »Werther«. Eine Studie zum Aufbau der Dichtung. In: Dem Tüchtigen ist diese Welt nicht stumm. Beiträge zum Goethe-Bild, von H. Preisker [u. a.]. Jena 1949. S. 51–63.

Bennett, Benjamin: Goethe's »Werther«. Double Perspective and the Game of Life. In: The German Quarterly 53 (1980) S. 64–81.

Blumenthal, Hermann: Karl Philipp Moritz und Goethes »Werther«. In: Zeitschrift für Ästhetik und allgemeine Kunstwissenschaft 30 (1936) S. 28–64.
– Ein neues Wertherbild? In: Goethe. Neue Folge des Jahrbuchs der Goethe-Gesellschaft 5 (1940) S. 315–320.

Brinkmann, Richard: Goethes »Werther« und Gottfried Arnolds »Kirchen- und Ketzerhistorie«. Zur Genese und Aporie des modernen Individualitätsbegriffs. In: Versuche zu Goethe. Festschrift für Erich Heller. Hrsg. von Volker Dürr und Géza von Molnár. Heidelberg 1976. S. 167–189. Wiederabgedr. in: R. B.: Wirklichkeiten. Essays zur Literatur. Tübingen 1982. S. 91 bis 126.

Brüggemann, Fritz: Die Ironie als entwicklungsgeschichtliches Moment. Ein Beitrag zur Vorgeschichte der deutschen Romantik. Jena 1909. [Darin: »Werthers Leiden«, eine Analyse. S. 39–56.]

Buhr, Gerhard: Goethe – »Die Leiden des jungen Werthers« und der Roman des Sturm und Drang. In: Handbuch des deutschen Romans. Hrsg. von Helmut Koopmann. Düsseldorf 1983. S. 226–243.

Burger, Heinz Otto: Die Geschichte der unvergnügten Seele. Ein Entwurf. In: Deutsche Vierteljahrsschrift für Literaturwissenschaft und Geistesgeschichte 34 (1960) S. 1–20.

Butler, Elizabeth M.: The Element of Time in Goethe's »Werther« and Kafka's »Prozeß«. In: German Life & Letters N. S. 12 (1958/59) S. 248–258.

Düntzer, Heinrich: Goethes »Leiden des jungen Werthers«. Jena 1855. (Erläuterungen zu den deutschen Klassikern.)

Fechner, Jörg-Ulrich: Die alten Leiden des jungen Werthers. Goethes Roman in petrarkistischer Sicht. In: Arcadia 17 (1982) S. 1–15.

Feise, Ernst: Goethes Werther als nervöser Charakter. In: The Germanic Review 1 (1926) S. 185–253. Wiederabgedr. in: E. F.: Xenion. Themes, Forms, and Ideas in German Literature. Baltimore 1950. S. 1–65.

Finsen, Hans Carl: Empfindsamkeit als Raum der Alternative. Untersuchungen am Beispiel von Goethes »Die Leiden des jungen Werthers«. In: Der Deutschunterricht 29 (1977) H. 4. S. 27–38.

Forster, Leonard: Werther's Reading of »Emilia Galotti«. In: Publications of the English Goethe Society N. S. 27 (1958) S. 33–45.

Fricke, Gerhard: Goethe und Werther. In: Goethe on Human Creativeness and other Essays. Ed. by Rolf King [u. a.]. Athens (Georgia) 1950. S. 29–75. Wiederabgedr. in: G. F.: Studien und Interpretationen. Ausgewählte Schriften zur deutschen Dichtung. Frankfurt a. M. 1956. S. 141–167.

Fülleborn, Ulrich: »Werther« – »Hyperion« – »Malte Laurids Brigge«. Prosalyrik und Roman. In: Studien zur deutschen Literatur. Festschrift für Adolf Beck. Hrsg. von U. F. und Johannes Krogoll. Heidelberg 1979. S. 86–102.

– »Die Leiden des jungen Werthers« zwischen aufklärerischer Sozialethik und Büchners Mitleidspoesie. In: Goethe im Kontext. Kunst und Humanität, Naturwissenschaft und Politik von der Aufklärung bis zur Restauration. Hrsg. von Wolfgang Wittkowski. Tübingen 1984. S. 20–34.

Gerhard, Melitta: Die Bauerburschen-Episode im »Werther«. In: Zeitschrift für Ästhetik und allgemeine Kunstwissenschaft 11 (1916) S. 61–74.

Gose, Hans: Goethes »Werther«. Halle 1921.

Graber, Gustav Hans: Goethes »Werther«. Versuch einer tiefenpsychologischen Pathographie. In: Acta psychotherapeutica, psychosomatica et orthopaedagogica 6 (1958) S. 120–136.

Graefe, Johanna: Die Religion in den »Leiden des jungen Werther«. Eine Untersuchung auf Grund des Wortbestandes. In: Goethe. Neue Folge des Jahrbuchs der Goethe-Gesellschaft 20 (1958) S. 72–98.

Graham, Ilse: Goethes eigener Werther. Eines Künstlers Wahrheit über seine Dichtung. In: Jahrbuch der Deutschen Schillergesellschaft 18 (1974) S. 268–303.

Grathoff, Dirk: Der Pflug, die Nußbäume und der Bauerbursche. Natur im thematischen Gefüge des »Werther«-Romans. In: Goethe-Jahrbuch 101 (1984) S. 55–75.

Gundolf, Friedrich: Goethe. Berlin 1916. S. 162–184.

Hass, Hans-Egon: »Werther«-Studie. In: Gestaltprobleme der Dichtung. Festschrift für Günther Müller. Hrsg. von Richard Alewyn [u. a.]. Bonn 1957. S. 83–125.

Haverkamp, Anselm: Illusion und Empathie. Die Struktur der ›teilnehmenden Lektüre‹ in den »Leiden Werthers«. In: Erzählforschung. Symposion Bad Harzburg 1980. Hrsg. von Eberhard Lämmert. Stuttgart 1982. S. 243 bis 268.

Hirsch, Arnold: Die Leiden des jungen Werthers. Ein bürgerliches Schicksal im absolutistischen Staat. In: Etudes Germaniques 13 (1958) S. 229–250.

Hoffmeister, Gerhart: ›Krankheit zum Tode.‹ Bemerkungen zu Goethes Werther, Foscolos Jacopo Ortis und André Gides André Walter. In: Goethezeit. Studien zur Rezeption Goethes und seiner Zeitgenossen. Festschrift für Stuart Atkins. Hrsg. von G. H. Bern / München 1981. S. 81–90.

Hohendahl, Peter Uwe: Empfindsamkeit und gesellschaftliches Bewußtsein. Zur Soziologie des empfindsamen Romans am Beispiel von »La vie de Marianne«, »Clarissa«, »Fräulein von Sternheim« und »Werther«. In: Jahrbuch der Deutschen Schillergesellschaft 16 (1972) S. 176–207.

Jost, François: Littérature et suicide. De »Werther« à »Madame Bovary«. In: Revue de Littérature comparée 42 (1968) S. 161–198.

Kaempfer, Wolfgang: Das Ich und der Tod in Goethes »Werther«. In: Recherches Germaniques 9 (1979) S. 55–79.

Karthaus, Ulrich: Zweihundert Jahre »Werther«. In: Giessener Universitätsblätter H. 2 (1975) S. 61–82.

Kimpel, Dieter: Entstehung und Form des Briefromans in Deutschland. Interpretationen zur Geschichte einer epischen Gattung des 18. Jahrhunderts und zur Entstehung des modernen deutschen Romans. Diss. Wien 1962. [Masch. – Darin: Goethes »Werther«-Roman als persönlichkeitsbildender Dialog des jungen Dichters mit dem eigenen Ich. S. 153–186.]

Kluge, Gerhard: Die Leiden des jungen Werthers in der Residenz. Vorschlag zur Interpretation einiger Werther-Briefe. In: Euphorion 65 (1971) S. 115–131.

Korff, H[ermann] A[ugust]: Geist der Goethezeit. Versuch einer ideellen Entwicklung der klassisch-romantischen Literaturgeschichte. Tl. 1: Sturm und Drang. Leipzig 1923. S. 297–307.

Kurz, Gerhard: Werther als Künstler. In: Invaliden des Apoll. Motive und Mythen des Dichterleids. Hrsg. von Herbert Anton. München 1982. S. 95–112.

Lange, Victor: Die Sprache als Erzählform in Goethes »Werther«. In: Formenwandel. Festschrift für Paul Böckmann. Hrsg. von Walter Müller-Seidel und Wolfgang Preisendanz. Hamburg 1964. S. 261–272.

Leibfried, Erwin: Goethes Werther als Leser von Lessings »Emilia Galotti«. In: Text – Leser – Bedeutung. Untersuchungen zur Interaktion von Text und Leser. Hrsg. von Herbert Grabes. Grossen-Linden 1977. S. 145–156.

Lukács, Georg: Die Leiden des jungen Werther. [1936.] In: G. L.: Goethe und seine Zeit. Bern 1947. S. 17–30. Wiederabgedr. in: G. L.: Deutsche Literatur in zwei Jahrhunderten. Neuwied/Berlin 1964. (G. L.: Werke. Bd. 7.) S. 53–68. [»Im Mittelpunkt des ›Werther‹ steht das große Problem des bürgerlich-revolutionären Humanismus.«]

Maelsaeke, Dirk van: Experimentelle Romane der Goethezeit: Der Weimarer »Werther«, Stendhals »Le Rouge et le Noir« und Tiecks »William Lovell«. In: Acta Germanica 10 (1977) S. 213–243.

Mann, Thomas: Goethe's »Werther«. In: Corona. [Festschrift für Samuel Singer.] Ed. by Arno Schirokauer and Wolfgang Paulsen. Durham (North Carolina) 1941. S. 186–201. Wiederabgedr. u. a. in: Th. M.: Gesammelte Werke. Bd. 9. [Frankfurt a. M.] 1960. S. 640–655. [Vor dem eingehenden Quellenstudium zu »Lotte in Weimar« geschrieben.]

Marcuse, Herbert: Der deutsche Künstlerroman [von K. Ph. Moritz bis Th. Mann]. Diss. Freiburg i. Br. 1922. [Masch.] – Erstveröff. in: H. M.: Schriften. Bd. 1. Frankfurt a. M. 1978. S. 7–344. [Kap. 2 (Buchausg. S. 42–84) Goethe. »Werther«, »Wilhelm Meisters theatralische Sendung«, »Wilhelm Meisters Lehrjahre«.]

Meyer-Kalkus, Reinhart: Werthers Krankheit zum Tode. Pathologie und Familie in der Empfindsamkeit. In: Urszenen. Literaturwissenschaft als Diskursanalyse und Diskurskritik. Hrsg. von Friedrich A. Kittler und Horst Turk. Frankfurt a. M. 1977. S. 76–138.

Meyer-Krentler, Eckhardt: ›Kalte Abstraktion‹ gegen ›versengte Einbildung‹. Destruktion und Restauration aufklärerischer Harmoniemodelle in Goethes »Leiden« und Nicolais »Freuden des jungen Werthers«. In: Deutsche Vierteljahrsschrift für Literaturwissenschaft und Geistesgeschichte 56 (1982) S. 65–91.

Miller, Norbert: Der empfindsame Erzähler. Untersuchungen an Romananfängen des 18. Jahrhunderts. München 1968. [Darin: Goethes »Werther« und der Briefroman. S. 138–214.]

Müller, Peter: Zeitkritik und Utopie in Goethes »Werther«. Berlin [Ost] 1969. ²1983.

Müller-Salget, Klaus: Zur Struktur von Goethes »Werther«. In: Zeitschrift für deutsche Philologie 100 (1981) S. 527–544.

Oettinger, Klaus: ›Eine Krankheit zum Tode.‹ Zum Skandal um Werthers Selbstmord. In: Der Deutschunterricht 28 (1976) H. 2. S. 55–74.

Paulin, Roger: ›Wir werden uns wieder sehn.‹ On a Theme in »Werther«. In: Publications of the English Goethe Society N. S. 50 (1980) S. 55–78.

Prinz, Friedrich E.: »Werther« und »Wahlverwandtschaften«. Eine morphologische Studie. Diss. Bonn 1954. [Masch.]

Pütz, Peter: Werthers Leiden an der Literatur. In: Goethe's Narrative Fiction. The Irvine Goethe Symposium. Ed. by William J. Lillyman. Berlin / New York 1983. S. 55–68.

Reuter, Hans-Heinrich: Der gekreuzigte Prometheus: Goethes Roman »Die Leiden des jungen Werthers«. In: Goethe-Jahrbuch 89 (1972) S. 86–115.

Rothmann, Kurt: War Goethes Werther ein Revolutionär? Auseinandersetzung mit Georg Lukács. In: The University of Dayton Review 9 (1972) S. 77–90.

Ryder, Frank G.: Season, Day, and Hour-Time as Metaphor in Goethes »Werther«. In: The Journal of English and Germanic Philology 63 (1964) S. 389–407.

Saine, Thomas P.: Passion and Aggression. The Meaning of Werther's Last Letter. In: Orbis Litterarum 35 (1980) S. 327–356.

Schlaffer, Heinz: Exoterik und Esoterik in Goethes Romanen. In: Goethe-Jahrbuch 95 (1978) S. 212–228.

Schmiedt, Helmut: Woran scheitert Werther? In: Poetica 11 (1979) S. 83 bis 104.

Schöffler, Herbert: Die Leiden des jungen Werther. Ihr geistesgeschichtlicher Hintergrund. Frankfurt a. M. 1938. Wiederabgedr. in: H. Sch.: Deutscher Geist im 18. Jahrhundert. Essays zur Geistes- und Religionsgeschichte. Göttingen 1956. ²1967. S. 155–181. [Werthers Weltanschauung und ihre geschichtliche Bedingtheit.]

Schultz, Werner: Goethes Werther-Erlebnis und der moderne Nihilismus. In: Archiv für Kulturgeschichte 44 (1962) S. 227–251.

Semler, Christian: Die Weltanschauung Goethes in den »Leiden des jungen Werther«. In: Zeitschrift für deutschen Unterricht 3 (1889) Erg.-H. S. 56–65.

Staiger, Emil: Goethe. Bd. 1: 1749–1786. Zürich 1952. S. 147–173.

Staroste, Wolfgang: Werthers Krankheit zum Tode. Zum Aufbau des epischen Vorgangs in Goethes »Werther«. [Um 1961.] In: W. St.: Raum und Realität in dichterischer Gestaltung. Studien zu Goethe und Kafka. Hrsg. von Gotthart Wunberg. Heidelberg 1971. S. 73–88.

Storz, Gerhard: Der Roman »Die Leiden des jungen Werthers«. In: G. St.: Goethe-Vigilien, oder Versuche in der Kunst, Dichtung zu verstehen. Stuttgart 1953. S. 19–41. [Bewußt immanente, textnahe Interpretation. – S. 42–60: Zwei Beispiele des Tagebuch-Romans. Goethe: Die Leiden des jungen Werthers. Bernanos: Tagebuch eines Landpfarrers.]

Stückrath, Jörn: Johann Wolfgang Goethe, »Die Leiden des jungen Werthers«. In: Deutsche Romane von Grimmelshausen bis Walser. Interpretationen [...]. Hrsg. von Jakob Lehmann. Königstein i. Ts. 1982. S. 27–47.

Thorlby, Anthony: From What Did Goethe Save Himself in »Werther«? In: Versuche zu Goethe. Festschrift für Erich Heller. Hrsg. von Volker Dürr und Géza von Molnár. Heidelberg 1976. S. 150–166.

Vaget, Hans Rudolf: Die Leiden des jungen Werthers. In: Goethes Erzählwerk. Interpretationen. Hrsg. von Paul Michael Lützeler und James E. McLeod. Stuttgart 1985. S. 37–72.

Voss, Ernst Theodor: Erzählprobleme des Briefromans, dargestellt an vier Beispielen des 18. Jahrhunderts (La Roche, Goethe, Hermes, Wieland). Diss. Bonn 1958.

Wagenknecht, Christian: Werthers Leiden. Der Roman als Krankengeschichte. In: Text & Kontext 5 (1977) H. 2. S. 3–14.

Waniek, Erdman: »Werther« lesen und Werther als Leser. In: Goethe Yearbook 1 (1982) S. 51–92.

Wapnewski, Peter: Zweihundert Jahre Werthers Leiden oder: Dem war nicht zu helfen. In: Merkur 29 (1975) S. 530–544. Wiederabgedr. in: P. W.: Zumutungen. Essays zur Literatur des 20. Jahrhunderts. Düsseldorf 1979. S. 44–65.

Welz, Dieter: Der Weimarer »Werther«. Studien zur Sinnstruktur des »Werther«-Romans. Bonn 1973.

Wabel, Hermann: Goethes »Werther« – eine weltliche Passionsgeschichte? Anmerkungen zur Interpretation literarischer Werke in ihrem Verhältnis zur biblischen Tradition: In: Zeitschrift für Religions- und Geistesgeschichte 24 (1972) S. 57–69.

Wons, Reimar S.: Ein Riß durch die Ewigkeit. Landschaft in »Werther« und »Lenz«. In: Literatur für Leser. Jg. 1981. S. 65–78.

7. Illustrationen

Noël, Heinrich: Goethes Wetzlarer Zeit. Bilder aus der Reichskammergerichts- und Wertherstadt. Berlin 1911.

Die Wertherillustrationen des Johann David Schubert. Mit einer Einl. von Wolf
gang Pfeiffer. Weimar 1933. (Schriften der Goethe-Gesellschaft. Bd. 46.) [1
Tafeln, 2 Vignetten.]
Witkowski, Georg: Die deutschen Bücherillustrationen des XVIII. Jahrhun
derts. In: Zeitschrift für Bücherfreunde 1 (1887) H. 8. S. 401–414.
– Chodowieckis Werther-Bilder. In: Zeitschrift für Bücherfreunde 2 (1888/89
H. 4. S. 153–162.

8. Handbücher und Bibliographien

Wörterbuch zu Goethes »Werther«. Begr. von Erna Merkel [...], fortgef. un
vollendet von Isabel Engel. Berlin [Ost] 1966. [In Lieferungen seit 1958; ei
Vorausunternehmen zum »Goethe-Wörterbuch«, s. d.]
Deutsches Wörterbuch. [Begr.] von Jacob Grimm und Wilhelm Grimm. 3
Bde. [Bd. 1–16 in 32 Tln.] Leipzig 1854–1960. [Zit. als DWb. – Erg.-Bd
Quellenverzeichnis. Ebd. 1971.]
Goethe-Handbuch. Hrsg. von Julius Zeitler [u. a.]. 3 Bde. Stuttgart 1916–18.
2., vollkommen neugestaltete Aufl. Hrsg. von Alfred Zastrau [u. a.]. Bd.
Stuttgart 1961. [Mehr nicht ersch.]
Goethe-Wörterbuch. Hrsg. von der Deutschen Akademie der Wissenschaft
zu Berlin, der Akademie der Wissenschaften zu Göttingen und der Heidelbe
ger Akademie der Wissenschaften. Bd. 1 ff. Berlin [Ost] / Stuttgart 1978 ff.
Goedeke, Karl: Grundriß zur Geschichte der deutschen Dichtung. 3. Aufl. B
4,3. Bearb. von Karl Kipka. Dresden 1912. S. 163–221. [Gesamtbibliograph
zu »Werther« bis 1910.] – Bd. 4,4. Bearb. von Karl Kipka. Ebd. 191
S. 88–94. [Nachträge bis 1912.]
Goethe-Bibliographie. Begr. von Hans Pyritz unter red. Mitarb. von Pa
Raabe. Fortgef. von Heinz Nicolai und Gerhard Burkhardt unter red. Mitar
von Klaus Schröter. 2 Bde. Heidelberg 1965–68. [Auswahlbibliographie.
Bd. 1: Berichtszeitraum bis 1954. Bd. 2: 1955–64.]
Goethe-Bibliographie 1965–1969. Bearb. von Heinz Nicolai. Als jährl. Beiga
in: Goethe. Neue Folge des Jahrbuchs der Goethe-Gesellschaft 29 (1967) –
(1971).
Goethe-Bibliographie 1970 ff. Bearb. von Hans Henning. Jährl. in: Goeth
Jahrbuch 89 (1972) ff.

PT 2177 L6613

PT 2625 A44 Z7452 1978

Der Verfasser dankt Frau Dr. Pfeiffer vom Lottehaus in Wetzlar für ihre H
bei der Auswahl und Beschaffung des Bildmaterials. – Der Verlag Phil
Reclam jun. dankt für die Nachdruckgenehmigung, die durch den Quellenna
weis oder einen folgenden Copyrightvermerk bezeichnet sind.